성과를 내는
리더 수업

성과를 내는
리더 수업

초판 1쇄 인쇄 2021년 3월 19일
초판 1쇄 발행 2021년 3월 25일

지은이 | 민병록
기   획 | ㈜엔터스코리아 책쓰기브랜딩스쿨
펴낸이 | 김의수
펴낸곳 | 레몬북스(제396-2011-000158호)
주   소 | 경기도 고양시 일산서구 중앙로 1455 대우시티프라자 802호
전   화 | 070-8886-8767
팩   스 | (031) 955-1580
이메일 | kus7777@hanmail.net

ISBN 979-11-91107-09-8 (03320)

성과를 내는
리더 수업

기업을 살리는 신의 한 수

· 민병록 지음 ·

레몬북스
lemon books

내 사무실 출입구에는 '정도(正道)경영실'이라는 안내판이 붙어 있다.

보통의 경우는 '대표이사', '회장실'이라고 써 붙여 놓지만 나는 그래도 사업을 반듯하게 해보자는 각오로 이렇게 사용해 오고 있다.

사업을 시작한 지 어느덧 28년이 흘렀다. 미흡한 여건에서 열정과 끈기의 창업가 정신으로 많은 일들을 겪으며 헤쳐 나왔다.

사업하는 동안 '남한테 손가락질을 받아서는 안 된다'는 아버님의 소박한 뜻을 지키려고 무진 노력을 했다. 그래서 성실납세자 표창장을 두 번이나 받을 수 있었다.

얼마 전 사업을 하는 지인으로부터 "민 회장님, 이제 시간 여유도 있고 또 사업도 성공했으니 그동안 직접 느끼고 실천했던 경영 이야기들을 글로 써보면 좋을 것 같은데 한번 그렇게 해보지 그러세요? 그리고 사업만 하는 다른 사람과 달리 시민운동도 하고 정치계에서도 몸담았으니 다양한 경험담을 쓰시면 많은 사람들한테 귀감이 될 것 같은데요? 책이 나오면 민 회장님 같은 스토리를 직접 우리 직원들한테 강의도 해주시고요" 하기에 "무슨 나 같은 사람이 책을?" 하면서 흘려버렸다. 그런데 나중에 곰곰이 생각해 보니 내 경험이 사회에 조금이라도 보탬이 된다면 책을 써보는 것도 괜찮을 것 같아서 용기를 내게 되었다.

사실 다른 사람에 비해서 다양하게 도전하며 헤쳐 나온 삶이다.

학생 민주화운동, 15년의 시민운동, 20년의 정치 생활을 해오면서 많은 인생 공부를 톡톡히 했다. 경영에 대한 이론적 지식과 실무를 쌓기 위해서도 애썼다.

미국과 한국에서 경영학을 공부하여 석사학위를 받았고 실무를 익히기 위해서 서울대, 고려대, 연세대, 전경련에서 최고위과정을 밟으면서 성공한 회사들의 실전 경험들을 배우려고 노력했다.

직장 생활을 했던 8년 동안도 사업을 위한 치밀한 사전 공부였다.

대기업인 동아건설회사에서 기획공정부와 공사부에서 근무할 때, '내가 회장이라면 어떻게 할까?'라는 생각으로 1월 1일 신년사부터 12월 31일까지의 1년 동안 회사에 무슨 이슈들이 던져지는지, 그리고 어떤 과정으로 어떻게 처리되어 어떤 결과로 나타나는지를 낱낱이 살펴보며 일을 배워나갔다. 그러면서 '나라면 어떻게 할까? 이런 방법으로 한다면 더 좋은 결과가 나오지 않을까?'라고 생각하면서 노트에 기입하며 일을 배우고 익혔다.

건설업과 종합레저업이 주 업종인 중견기업 드림랜드에서 일할 때도 동아건설회사에 다닐 때처럼 '나라면?' 하면서 실천에 주력했다. 그리고 여러 부서장으로 옮길 때마다 '전임자 실적보다 무조건 더 좋게'라는 목표로 몸을 불사르며 내 회사같이 일을 하다가 기획실장을 끝으로 내 사업을 시작하였다.

　사업의 길에 들어선 28년 동안 종합건설회사 두 개와 개발 및 자산운용회사를 운영해 오면서 희망과 좌절 속에서도 꿋꿋이 이겨내고 한 걸음 전진하기 위하여 언제나 '창업가의 정신'과 '창업 때의 초심'을 잃지 않도록 스스로 채찍질을 해왔다.

　이렇게 이론과 실무를 통해서 익힌 경험들, 시민운동과 정치권에서 느낀 다양한 경험들, 그리고 28년 동안 경영 일선에서 몸소 부딪치며 헤쳐 나온 실전의 고민들과 노하우들을, 같은 처지에 있는 전국의 독자들과 소통하고 공유하게 된다면 나름의 의미가 있겠다는 생각에서 책을 써보기로 용기를 낸 것이다.

　이러한 실무 경영인으로서의 28년 동안 기업을 경영해 오면서, "회사를 지키고 키워내야 할 많은 고민들이 무엇이었고 어떻게 실천했으며 그에 대한 결과가 어떠했는지 그리고 결과 후에 얻은 교훈들은 무엇인지"를 현업에 종사하는 많은 사람들과 공감하고 공유하여 그들에게 조금이라도 보탬이 된다면 보람 있는 일일 것이다.

　나는 특별히 회사의 직장인들이 이러한 경영 노하우를 귀담아들어서 함께 회사를 지키고 키우는 리더가 되기를 바란다. 내가 우리 회사의 임직원들과 협의하고 요구했던 그 많은 이슈들을 다른 회사의 임직원들도 자기들의 문제인 양 살펴보고 고민해 보기를 바란다. 전략적 사고와 현명한 의사 결정을 내리고 실력 향상과 리더십을 발휘하는 데 도움이 되기를 바란다. 그리하여 많은 성과를 내어 회사에서 대접받는 임직원이 되기를 바라는 마음이 무엇보다 크다. 또한 경영자들이 임직원들한테 무엇을 해주기를 바라는지를 점검해 보는 기회로 삼았으면 좋겠다.

회사를 직접 경영하는 경영자들도 같은 경영자의 입장에서, 왜 저런 이슈들을 꺼내 들었고 어떻게 지휘 통제하고 어떻게 리더십을 발휘하며 소통해서 원하는 성과를 끌어냈는지를 역지사지의 기회로 삼아 활용했으면 좋겠다.

소상공인이나 자영업자 및 기타 조직을 운영하는 사람들도, 이론과 실무를 겸비한 경영자의 생각과 방법을 자기 입장에서 고민하면서 실제로 자기 분야에 적용해 보면 많은 보탬이 되지 않을까 생각한다.

나는 이 책에서 실무적 차원에서 다음의 각각을 다뤘다.

1장. 효율성 / 생산성을 발휘하고 있는가? (실행력, 조직행동)

2장. 현명한 의사 결정을 하고 있는가? (문제 해결력, 판단력)

3장. 회사가 올바르게 나아가고 있는가? (목표와 방향, 위기관리)

4장. 소통과 협업을 잘하고 있는가? (팀워크, 인간관계, 협상)

5장. 전략적 경영을 하고 있는가? (변화와 혁신, 차별화)

6장. 능력 개발에 최선을 다하고 있는가? (핵심 역량, 경쟁력)

7장. 리더십을 발휘하는가? (리더, 통솔력)

8장. 조직과 인사를 이해하고 사랑하는가? (조직설계, 시스템, 인재 확보)

9장. 회사는 실적으로 살아가고 있는가? (성과, 영업 / 수주, 투자 / 자체 사업)

나는 독자들이 이 책을 읽고서 새로운 이론이나 지식의 습득보다는 지혜와 원리를 깨닫기를 바란다. 그래서 실제 업무와 실생활에 적용하고 응용하여 곧바로 써먹을 수 있었으면 좋겠다. 읽고서 '그렇구나' 하고 그저 알고 넘기기보다는 실사구시의 자세로 철저하게 자기 업무에 접목하고 사용하여 많은 보탬이 되길 바라는 마음이 간절하다.

정도(正道)경영실에서
민병록

PART 1

효율성 / 생산성을 발휘하고 있는가?

실행력, 조직행동

일을 잘하도록 도와주는
마법의 세 단어, 대소 / 선후 / 완급

자동차 한 대를 생산하는 데 평균적으로 얼마의 시간이 걸릴까?

현대자동차에서 외부에 마지막으로 발표한 공장 생산성 자료에 의하면, 차량 한 대를 생산하는 데 소요되는 시간이 국내 공장은 26.8시간, 미국의 앨라배마 공장은 14.7시간, 중국의 베이징 공장은 17.7시간, 인도의 첸나이 공장은 20.7시간이라고 한다. 이런 상황에 만약 당신이 경영자라면 어디에 생산 공장을 만들어야 현명한 결정을 했다고 할 수 있을까?

물론 공장의 생산체계, 임금, 복지 수준, 노동조합과의 관계 등의 변수를 고려하여 종합적으로 평가해야겠지만, 단순히 차량 한 대를 만드는 데 소요되는 시간만 놓고 본다면 국내 공장이 해외 공장에 비해 효율성과 생산성이 떨어진다고 할 수 있다.

회사 경영이란 무엇일까?

내가 생각하는 회사 경영은 사람·돈·시간 등을 가장 효율적·생산적으로 사용하여 이익을 만들어내는 것이다. 만약 당신의 회사에서 어떤 일을 완수하는 데 있어, 다른 회사들이 한 시간에 마치는 일을 세 시간을 들여 한다든지, 한 번에 말끔히 해결하는 일을 두 번 해서 끝낸다든지, 한 명이 해낼 일을 두 명이 해낸다고 생각해 보자. 이런 회사는 효율적이고 생산적인 회사에 비해 처리해 내는 업무량이 적을 것이고, 결과적으로 성장하기 어려울 수밖에 없다. 다른 회사들을 따라잡기 위해서는 밤낮없이 일해도 부족할 것이다.

일전에 조기축구 시합을 보러 간 적이 있다.

다양한 연령의 사람들이 이른 아침에 나와서 땀을 뻘뻘 흘리는 것을 보면서 참 부지런하다고 생각하며 시합을 구경하던 중 두 명의 선수에게 눈길이 갔다. 한 사람은 불도저처럼 쉬지 않고 공을 쫓아다니면서 땀을 뻘뻘 흘리고 있었는데, 제대로 슛 한 번 날려보지 못하면서 운동장을 부지런히 뛰어다니고 있었다. 또 다른 선수는 별로 뛰어다니지 않으면서도 빈자리를 잘 찾아서 패스받은 공을 가볍게 골로 연결시키는 것이었다.

두 사람 중 누가 더 실력 있는 선수인지는 뻔하다. 그저 땀을 흘리면서 공을 쫓아다니기 바빴던 그 선수는 훌륭한 선수일 수가 없다. 득점도 못 하면서 뛰어만 다녔으니 그저 안쓰러울 뿐이다.

나는 회사에서 "열심히 하겠습니다", "최선을 다하겠습니다"라고 말하는 직원을 별로 좋아하지 않는다. 하루 종일 책상에 앉아서 쉬지 않고 일하는 것보다 성과를 만들어내는 게 중요하기 때문이다. 효율적이지도, 생산적이지도 않게 일을 하면서 하루 종일 책상 앞에 붙어 있는 직원들을 보면 안타깝고 답답하다. 시간만 때우기 위해 회사에 출근한 것이 아니지 않은가?

나는 "성과를 내기 위하여 효율적이고 생산적으로 일하려면 어떻게 해야 할까?" 하고 고민할 때마다 떠올리는 단어가 있다. 바로 "대소 / 선후 / 완급"이라는 세 단어이다. 이것만 기억하고 일을 한다면 회사 일이든 다른 어떤 일이든 좋은 결실을 맺을 수 있을 것이라 생각한다.

큰 일과 작은 일을 구분하기 _대소(大小)

회사 산재보험에 관해서 자문을 받기 위해 보험회사에 다니는 지인에게 전화를 했다.

"어디야?"

"지금 골프장인데요. 한 건 올리기 위해서 공 치고 있어요."

"아, 이 사람아! 보험 일은 안 하고 한가롭게 공을 치고 있어?"

"저 지금 놀고 있는 거 아니에요. 조만간 큰 건 하나 할 것 같은데요."

며칠 후 그는 상당히 큰 회사와 계약을 했다. 회사의 건물과 공장의 화재보험, 회사의 차량과 장비의 보험까지 정말로 큰 건을 올린 것이다. 나와 전화 통화할 때 말한 것처럼 그는 놀기 위해서 골프장에 간 것이 아니었다.

그렇다. 이 사람은 놀러 간 것이 아니라 일하러 간 것이다. 어떤 사람은 여기저기 뻔질나게 다녀도 계약 한 건을 성사시키기 어려운데, 그는 이렇게 큰 보험 약정을 한 것이다.

일마다 큰 일과 작은 일이 있다.

둘 중 어느 것을 먼저 하면 좋을까? 당연히 큰 일부터 해야 한다. 큰 일을 할 때는 그에 걸맞게 많은 시간과 많은 에너지와 많은 비용을 쏟아야 한다. 크고 어려운 일은 힘이 들지만 성공하면 성과도 크고 능력도 인정받는다. 반면 작은 일을 할 때에는 이에 걸맞은 적은 시간, 적은 노력, 적은 비용을 들여야 한다. 작은 일, 쉬운 일은 누구나 할 수 있는 것이고, 그 일을 해냈다고 해서 자랑거리도 아니다.

큰 일을 할 때는 작은 일을 하는 방식으로 해서는 제대로 해결되지 않는다. 큰 일은 반드시 해내야 하기에 모든 역량과 자원을 총동원해야 한다. 작은 일의 과실은 양보할 수도 있고 잘못되어도 손실이 적기에 넘어가 줄 수 있지만 큰 일은 회사를 위해서 반드시 쟁취해야만 한다.

업무를 할 때 무엇이 회사의 존폐와 직결되고 성장에도 큰 영향을 주는 요인인지를 분류해 두는 습관을 키우자. 회사를 경영하는 사람은 이런 항목을 능력 있는 직원에게 특별 관리토록 해야 할 것이다. 회사마다 회사의 중대한 업무들이 있을 것이다. 건설회사 입장에서 말하자면 면허 유지 관리, 수주 관리, 안전사고 관리 등이다.

직원과 경영자 모두 자신의 회사에서 어떤 업무가 큰 일인지를 생각하고 그에 걸맞게 일하는 습관을 길러야 한다.

먼저 할 일과 나중에 할 일을 구분하기 _선후(先後)

오래전, 종합레저 1호인 드림랜드에서 본부장 역할로 직장 생활을 할 때의 일이다.

그때만 해도 우리나라에 롯데월드나 자연농원과 같은 대형 레저시설이 없었다. 전날 입장객 수와 총매출을 날마다 회장님에게 보고하는데, 어느 날부터인지 보고를 받는 회장님의 반응이 영 신통치 않았다.

알고 보니 회장님이 출근하자마자 비서실장이 내가 보고해야 할 내용들을 먼저 보고해 버린 것이다. 그러니 반응이 신통치 않을 수밖에 없었다. 나는 비서실장을 불러 심하게 항의했다.

"앞으로는 내가 보고하기 전에는 보고하지 마세요. 회장님께서 물어보시거든 직접 불러서 보고받으시는 게 좋겠다고 말씀해 주세요."

이렇게 하여 나는 내 역할의 포지션을 지켜낼 수 있었다.

일마다 먼저 할 일과 나중에 할 일이 있다.

바둑을 둘 때도 순서를 놓치면 엉뚱한 결과가 나타난다. 생각나는 대로 보이는 대로 업무를 하면 일의 진행과 타 부서와의 협업이 제대로 이루어지지 않는다. 업무의 흐름에 맞춰 먼저 할 일과 나중에 할 일을 분별해야 협업이 이루어진다.

어떤 직원은 그날 있을 회의 준비는 대충 하고서 내일 일에 몰두하다가 회의하면서 답변을 제대로 못 하여 혼나는 경우를 가끔 본다. 이처럼 일의 순서를 놓치고 뒷북치는 스타일로 일을 해서는 안 된다. 이렇게 하다 보면 순서에 맞춰 일하는 다른 부서와도 협업이 원활히 이루어지기 어렵다. 그래서 해야 할 일들 중 우선순위를 정하는 습관을 길러야 한다.

일의 선후 구분은 회사 경영자 입장에서도 중요하다. 회사에 당면한 중요 이슈가 있으면 직원들이 이에 우선 몰두해서 처리할 수 있도록 선후에 맞는 업무 지시를 내려야 한다. 그래야 중요한 문제를 적기에 대처할 수 있다.

빨리할 일과 천천히 할 일을 구분하기 _완급(緩急)

일마다 가장 효과를 내는 타이밍이 있다.

그 효과를 극대화하기 위해 일을 빨리해야 하는 경우와 천천히 해야 하는 경우가 있다. 그래서 그 일에 가장 효과를 낼 수 있는 적절한 타이밍을 찾아내는 판단력이 요구된다. 그리고 이에 맞는 완급의 방법에 의해 일처리를 해야 한다. 빨리해야 할 일은 앞뒤 볼 겨를 없이 설사 계획이 미완성 단계일지라도 덤벼들어야 한다. 인력과 자원을 총동원하여 빨리해 내야 한다. 선착순인데 무엇을 재고 망설일 필요가 있겠는가.

반면에 천천히 해야 할 일은 시간을 두고 신중하고 완벽하게 준비하고 좌우 반응을 살피며 추진해야 한다. 모든 준비가 끝나 있다 하더라도 묵은 된장 익히듯이 가장 적기가 올 때까지 냉정하게 기다릴 줄 알아야 하며, 때로는 그 적기를 만들어내는 연출력과 지혜도 필요하다.

언제나 급하게 서두르기만 하면 노력에 비해 성과를 내지 못할 수도 있고 조직에 불협화가 생길 수도 있다. 반면에 매사 천천히 추진하는 스타일이면 좋은 기회를 놓칠 수 있고 업무의 효율성이 떨어질 수가 있다. 그러므로 어떤 일이건 일에 맞는 타이밍을 찾아야 하고 이를 위한 상황 판단력이 요구되기도 한다.

일전에 수주를 하기 위해 상가 건물 견적을 내기로 했는데 회사에서 완벽을 기한다고 늦게 견적서를 제출하게 되었다. 이미 몇몇 회사가 견적서를 제출하고 건축주와 밀고 당기는 상황이라 헛수고를 한 셈이었다. 건축주는 이미 어떤 회사와 특별한 관계로 나아갔고 견적서를 늦게 제출한 우리 회사와는 계약할 의향이 없는 것 같았다. 결국 타이밍을 맞추지 못해 수주를 놓치고 말았다. 만약 우리 회사가 견적서를 제때 제출했다면 어땠을까? 아마도 다른 결과를 기대할 수 있었을지도 모른다.

이처럼 회사는 어떤 일을 할 때 적절한 타이밍을 맞추는 게 참으로 중요하다. 그래서 정책은 타이밍이라고 하지 않는가? 획기적 신제품인데도 불구하고 너무 빨리 출시해 소비자의 호응이 별로이거나 마케팅 비용이 과다하게 들어가는 경우도 생기고, 때로는 너무 늦게 출시해 경쟁사에서 비슷한 제품을 먼저 출시해 버리는 바람에 시장의 주도권을 빼앗기는 일도 비일비재하다.

일시적이거나 계절에 맞춰 제품의 주문이 폭주할 경우에는 철야 작업 등의 특별대책으로 발 빠르게 대처해야 거래처를 잃지 않을 것이다.

회사는 성과를 최우선으로 생각하는 조직이다. 그러므로 회사에서 일하는 직원들은 효율성과 생산성을 높이기 위해 노력해야 하며, 회사 경영자는 이를 위해 경쟁 회사에 비해 효율성과 생산성을 주기적으로 비교하며 조직을 분석해야 한다. 회사의 체제와 시스템이 적절하게 이루어지고 있는지를 살펴보아야 한다. 직원들 하나하나의 직무를 분석하고 교육시키며, 동기부여해 주는 걸 소홀히 해서는 안 된다. 교통정체가 발생하면 이를 해소하기 위해 도로를 확충하거나 우회도로를 만들어 분산시키거나 또는 원활한 신호체계를 정비해야 하는 것과 마찬가지이다.

직원과 경영자 모두 "대소 / 선후 / 완급"이라는 마법의 세 단어를 가슴에 새겨서 업무를 준비하는 단계에서부터 실행하는 단계까지 이런 방식을 적용한다면 내일의 성과는 놀랄 만큼 달라지게 될 것이다.

매일 그날의 이슈를 고민하고 정리하기

회사는 해야 할 일이 참으로 많다. 매일매일 하는데도 일에 파묻혀 사는 곳이 회사다.

병실에 누워 있는 중환자라면, 아침에 일어나 제일 먼저 자기의 건강 상태가 어떠한지, 팔다리는 잘 움직이고 멀쩡한지를 생각하면서 자기 몸을 만져볼 것이다. 회사의 경영자나 리더의 마음도 마찬가지일 것이다. 경영자와 리더는 회사가 당면한 중요한 사항에 대한 결정을 제대로 내려야 하는 입장이므로 매일 아침 회사의 중요 이슈가 무엇인지, 어떻게 일을 처리해야 할 것인지를 살펴보아야 한다.

나는 아침에 일어나면 기 수련자가 온몸의 기를 운기조식(運氣調息) 하듯 습관적으로 회사의 이슈를 고민한다. 회사 전체와 관련된 이슈는 무엇인가? 본사의 부서별 이슈는 무엇인가? 현장별 이슈는 어떤 것이 있나? 고민하는 것이다.

나는 서울과 춘천에 각각 사무실이 있어서 춘천으로 출근할 때가 있다. 이때 회사의 중요 이슈에 대한 결론을 내야 할 일이 있을 때는 스스로 이렇게 다짐한다.

'어찌 되었건 오늘 출근하여 내 자리에 앉기 전까지는 결론을 내자.'

이렇게 생각하고 평소보다 일찍 집에서 출발해 천천히 차를 운전해 회사로 가면서 머릿속으로 이슈를 정리해 나간다. 시간을 벌기 위해 때로는 춘천 길목에 있는 팔당댐이나 강가, 정약용 생가에 차를 멈춰놓고서 이슈를 정리해 결론을 낸 다음 사무실로 향한다.

이런 습관 때문에 지금도 차를 운전하면서 생각에 몰두하면 정리가 더 잘되기도 한다.

회사는 일보(日報), 주보(週報), 월보(月報), 연보(年報) 등 주기적으로 많은 업무가 있고, 생각지도 못했던 특별한 일들이 수시로 발생한다. 이러한 일들 중에는 회사에 큰 손익이 생길 수 있는 중요하고도 어려운 일도 있다. 경영자와 리더는 이런 일들을 어떻게 해야 효율적이고 생산적으로 처리하여 성과를 낼 수 있을지에 대한 고민을 정리하지 않으면 안 된다. 고민을 잘 정리할수록 직원들과 회의를 잘 진행할 수 있다. 자동차의 회로가 망가지면 차가 고장 나 달릴 수 없듯이 경영자와 리더가 회사의 이슈에 대한 고민을 정리하지 않으면 직원들에게 제대로 된 지시를 내릴 수 없다.

이런 자세는 직원들 역시 가져야 할 것이다. 그래서 나는 직원들과 회의를 하거나 보고를 받을 때 해당 이슈에 대해 현황만 보고하지 말고 자기 생각을 반드시 정리하여 말하라고 강조한다. 어떤 직원은 본인이 무슨 말을 하고 있는지 모를 정도로 이슈를 파악하지 못하고 회의나 보고에 임할 때도 있다. 그래서 나는 회의나 보고에 필요한 몇 가지 팁을 직원들에게 알려준다.

- ▶ 자기 의견을 활발히 내고 토론에 적극적으로 참여하기
- ▶ 정확한 용어와 내용으로 결론부터 말하기
- ▶ 현황만 말하지 말고 문제점과 대책까지 말하기
- ▶ 질문을 정확히 하고 답변을 동문서답하지 않기
- ▶ 횡설수설, 중언부언하지 말고 핵심만 짧게 요약해서 말하기
- ▶ 설명부터 늘어놓지 말고 상사가 질문할 때 보충 설명하기

위의 팁들을 실천하려면 먼저 머릿속 생각을 잘 정리해야 한다. 생각이 정리되지 않으면 요점만 간추려 정확한 용어로 표현하기 어렵다.

생각을 정리하는 것은 옷장을 정리하는 것과 같다. 옷장이 정리정돈되어 있지 않고 여기저기 아무렇게나 옷이 널려 있으면 자기가 원하는 옷을 어떻게 빨리 찾아 입을 수 있겠는가. 옷을 계절별 혹은 상·하의별로 분류하여 정리정돈한다면 보기에도 좋고 옷을 찾기도 쉬울 것이다. 옷을 찾는 시간도 확 줄어들 것이다. 옷장을 정리정돈하는 사람과 쓰레기 더미처럼 어질러놓고 생활하는 사람을 비교해 보면 누가 더 효율성과 생산성이 높을 것인지는 두말할 필요가 없다. 마찬가지로 파도처럼 밀려오는 회사의 일들도 그때그때 정리해 두어야 일의 흐름이 헝클어

지지 않고 효율적·생산적으로 처리할 수 있다. 새로운 이슈가 생기더라도 당황하지 않고 처리할 수 있는 여유도 확보할 것이다.

중요 이슈를 놓치지 않도록 정리하는 법

테일러(Frederick Winslow Taylor)는 1910년 포드 자동차회사가 대량 생산을 할 수 있도록 컨베이어벨트를 이용한 조립 라인의 생산 방법을 가능케 한 '시간동작연구(Time and motion study)'를 했다. 그는 아침 출근 시간에 중절모를 쓰는 시간마저 줄이기 위해 옷을 입고 나와 현관에 이르는 사이의 동선에 모자를 걸어두었다고 한다. 그 정도로 일의 효율성과 생산성을 중요하게 생각한 것이다.

효율적·생산적·체계적으로 일하기 위해서는 매일의 이슈를 잘 정리하는 게 중요하다. 여기에 내가 그동안 사용해 왔던 이슈 정리법 다섯 가지를 공개한다.

첫째, 사안의 큰 줄기를 파악하고 3~4개로 단순화시키기

복잡하고 어려운 이슈일수록 산만하게 흩어지지 않게 하려면 내용의 흐름을 제대로 파악해야 한다. 그러기 위해서 핵심 내용을 3~4개로 단순화해 정리해 둔다.

둘째, 분석적·논리적인 대안과 근거 찾기

사물에 대한 이슈가 확연히 비교될 수 있도록 차별화시켜 분석해야 하며, 대안을 정리할 때는 논리적이고 실현 가능성 있는 근거가 뒷받침

되어야 한다.

셋째, 그룹화하기

같은 이슈는 같은 것끼리 그룹화해야 단순화하기 쉽고 생각의 개수가 적어져 판단하기가 쉬워진다.

넷째, 대·중·소 분류하기

모든 그룹화된 이슈들을 대·중·소로 분류해 보면 서로 간의 소속과 연관 관계를 알아볼 수 있다.

다섯째, 마감 시간을 정하여 결론을 내리기

결론을 낼 마감 시간을 정해놓아야 고민에 몰두하게 되며 끝을 볼 수 있다. 하다 말다 하지 않고 쓸데없는 반복 고민을 하지 않게 된다.

이러한 방식으로 이슈들에 대한 고민을 정리하면 목표와 방향이 분명해지고 실행 가능성과 효율성, 생산성이 높아지게 된다. 당연히 결론을 내기 때문에 망설이거나 스트레스를 줄일 수 있고 머리도 맑아질 것이다.

머릿속으로 중요 이슈를 잘 정돈하는 사람은 책상 위의 서류도 잘 정리한다.

지금 진행하지 않는 업무의 서류나 이미 끝난 업무의 서류가 책상 위에 있다면 지금 자신의 업무가 잘 정리되어 있지 않을 가능성이 크다.

대소 / 선후 / 완급을 잘 구분하지 못한 채 닥치는 대로 일하기 때문이다. 그래서 나는 책상 위의 서류를 정리정돈하는 습관을 강조한다. 책상 위에는 지금 진행 중인 업무 서류만 있어야 하고, 서류는 늘 제자리에 두어야 하며, 볼펜 하나라도 가지런히 두어야 한다고 말이다. 서류나 물건을 지저분하게 방치하는 사람은 자기관리도 잘 못하는 경우가 많다.

업무를 그때그때 정리하지 않고 두서없이 허둥대거나 주변 환경을 잘 정리하지 않고 늘 업무에 쫓기면서 일하는 사람, 갑자기 새로운 일이 생기면 스트레스를 많이 받는 사람, 이런 사람들은 머릿속에 업무에 대한 정리정돈을 하며 아울러 책상 정리정돈도 꼭 할 것을 권한다. 평상시 일이 생길 때마다 생각을 미리 정리정돈하는 습관을 들여야 한다. 그렇게 한다면 업무를 효율적·생산적으로 할 수 있게 되고, 당연히 좋은 성과도 낼 수 있을 것이다.

출퇴근 시간, 음악 청취보다
일과의 준비와 평가를

출근하는 차 안.

두 눈을 감고 음악을 듣는 A씨, 휴대폰 일정 앱에 기록된 오늘의 일과를 살펴보는 B씨. 당신은 어느 쪽인가?

누군가는 여유로운 A씨의 모습이 좋아 보일 수 있다. 하지만 난 B씨처럼 하기를 추천한다. 출근과 퇴근 시간을 잘 활용하면 업무 효율성이 한층 높아질 수 있기 때문이다. 이처럼 의미 있고 중요한 시간을 먼 산을 보듯 그냥 허비한다든지 음악이나 연예 뉴스를 보면서 무계획적으로 출퇴근한다면 훌륭한 경영자나 직원이 아니다.

출근 시간은 오늘의 일과를 준비하고 계획을 짤 수 있는 시간이고, 퇴근 시간은 계획한 오늘의 일과가 의도한 대로 잘되었는지 평가할 수 있는, 둘 다 정말 중요한 시간이다. 그래서 나는 직원들이 회의 시간에 토론에 적극적으로 참여하지 않거나 의미 있는 의견을 내지 못하면 사전 준비가 철저하지 못했다고 생각해 출근과 퇴근 시간을 활용할 것을 적극 권한다.

출퇴근 시간의 중요성은 경영자에게도 마찬가지이다. 출근 시간에 오늘의 이슈가 무엇인지 의제를 선정하고, 그 의제의 문제점을 찾아내서 해결 방안을 만든 다음에 회의를 주재해야 한다. 해결 방안을 세우기 위해서는 여러 경우의 수를 고려해 보고 각각의 장단점을 비교하여 실현 가능성 있는 대안들을 우선순위로 만들어내야 한다. 그리고 해결 방안에 대한 세부적인 실천 계획을 나름대로 계산하고 있어야 직원들과의 토론을 제대로 이끌어갈 수 있다.

우리는 업무의 효과 즉 노동의 효율성과 생산성의 효과가 어느 정도인지 알고 싶을 때 노동생산성에 대해 이야기한다. 노동생산성은 간단히 말하면 노동이 얼마나 효율적·생산적인지를 가늠하는 지표가 되는 것이다. 생산된 부가가치를 투입된 노동량으로 나타내는 것인데, 즉 노동생산성=부가가치 / 노동시간으로 표기한다.

숙련도가 높고 실력이 뛰어난 노동자는 그렇지 않은 노동자에 비해 노동생산성이 높아질 것이고, 만약 노동자의 역량이 같다면 더 우수한 생산설비로 교체하거나 새로운 기술로 생산했을 때 더 많은 부가가치를 창출할 것이다. 그렇기에 노동생산성을 올리기 위해서는 직원 각자가 효율적이고 생산적인 업무를 수행할 수 있도록 숙련도와 역량을 높여야 하고, 경영자는 R&D에 의거해 기술개발에 힘쓰고 생산설비의 양과 질을 높이도록 해야 한다.

안타깝게도 우리나라의 노동생산성은 OECD 국가 중에서 하위에 머물러 있는 실정이다. 그래서 나는 여기에서 출퇴근 시간을 활용해 효율적이고 생산성 있는 업무역량을 높이는 방안에 대해 언급하고자 한다.

출근 시간, 일과를 계획하기

나는 회사에서 간부급 이상은 각자 오늘의 업무일지를 작성하여 제출하도록 하고 있다. 업무일지 내용은 크게 두 부분으로 나뉘는데 첫 번째는 부서별 업무계획, 두 번째는 자신이 경영자 입장에서 회사 전체에 관한 목표나 방향의 설정 혹은 이슈에 관해서 작성하는 것이다.

첫 번째 작성 항목인 부서별 업무계획에는 오늘의 당면 이슈를 빠짐없이 쓰고 각 이슈별 우선순위와 소요 시간을 쓰도록 한다. 해당 이슈의 현황은 간단히 쓰고 이에 따른 문제점과 대책을 보다 더 세부적으로 작성토록 한다. 나는 이렇게 하루 8시간의 업무가 우선순위와 소요 시간으로 작성한 내용을 살펴본 다음에 회의를 진행한다. 예를 들어서 계획 단계의 일이든 실행 단계나 평가의 단계든 3일 동안 하는 일이라 하더라도 3일 중에서 오늘 하루의 일과만을 구체적으로 작성토록 하기 때문에 당사자의 생각과 각오를 깊이 있게 들여다볼 수 있다. 각자가 출근할 때 이런 계획표를 만들어 업무에 임한다면 효율성이 높아지는 건 당연하다.

두 번째 작성 항목은 회사 전반적인 이슈를 고민해 보고 나름대로 해결 방안을 생각해 보자는 데 목적이 있다. 설령 회사 전체를 바라보는 시각이 부족할지라도 업무일지를 통해 계속 표현하는 습관을 갖다 보면 능력이 향상될 수 있다. 회사 입장에서는 이러한 업무일지 내용을 통해 업무에 걸맞은 인재를 찾을 수 있다는 장점도 있다.

앞서도 언급한 것처럼 우리나라의 노동생산성은 외국에 비해서 많이 떨어진다. 외국 회사에 근무하거나 그곳 회사에 다니는 사람들의 이야기를 들어보면 금방 알 수 있다.

젊은 시절 나는 국내의 대형 건설회사를 다니면서 리비아의 대수로 공사를 미국과 영국 회사와 합동으로 진행하느라고 해외에 근무한 적이 있다. 그때 옆 사람과 잡담도 않고 핸드폰도 서랍에 넣어두고서 일하는 그들의 업무 태도를 보고 깜짝 놀란 적이 있다.

우리나라는 근로시간은 상대적으로 길지만 업무 산출량이 적은 편이다. 요즘에는 52시간제에 따라 대기업을 중심으로 '딥 워크(Deep work)'를 시행하고 있다. '딥 워크'란 '몰입하는 근무'의 개념으로 생산성과 효율성 향상을 위해 일에 몰두하자는 운동이다. 근무시간에 휴대폰이나 SNS, 잡담, 가족이나 지인과의 통화 등을 하지 말고 쓸데없는 외출도 하지 말고 일에 몰두하자는 것이다.

진즉에 그랬어야 한다고 생각한다. 특히 직원들의 근태를 잘 관리하지 못하는 중소기업의 경우 이 '딥 워크'의 시행이 더욱 필수적일 것이다.

출근 시간에 실현성 있는 세부 실천 계획을 철저히 준비하고서 회사에 온 직원은 자리에 앉자마자 곧바로 업무를 시작할 수 있다. 업무에 임하는 태도와 결의가 다를 수밖에 없다. 필요한 서류를 잘 준비하고 거래처와의 연락 등 계획된 일과를 짜임새 있게 시작하기 때문이다.

많은 직원들이 출근 후 한 시간은 커피를 마시거나 이메일을 무심히 훑어보는 등 의미 없이 보낸다. 하지만 출근 후 한 시간이 제일 중요한 시간이다. 맑은 정신이라 집중도가 높아서 효율성이 뛰어나기 때문이다. 이 시간에 자기 부서에서 가장 먼저 할 일을 제대로 처리한다면 타부서와의 협의도 원활하게 처리할 수 있고, 거래처 등 외부와의 업무 조율과 미팅도 순조로울 것이다. 결과적으로 회사 전체가 톱니바퀴가 맞물려 움직이듯 잘 돌아가게 된다.

두뇌의 효율성이 가장 좋은 이토록 귀한 아침시간을 담배를 피우거나 커피를 마시고, 혹은 신문을 보거나 잡담하는 식으로 허비하는 게 너무나 아깝다. 심지어 화장실에서 볼일을 보는 것마저도 아까운 생각이 든다.

퇴근 시간, 계획 대비 실행의 일과를 평가하기

퇴근 시간은 이처럼 보람 있는 일과를 마치고 나서 당초 계획한 대로 실행되었는지 비교 평가하는 데 사용한다. 계획대로 혹은 그 이상의 일과를 달성했다면 매우 잘한 것이다. 실제보다 적은 성과가 나왔다면 오늘의 발생 상황을 잘못 예측하여 실현성 없는 계획을 세웠거나 효율적으로 또는 몰입하지 않고 업무를 추진했다고 반성하면서 보다 나은 내일의 밑거름으로 사용해야 한다.

출퇴근 시간을 활용해 제대로 된 일과를 준비하고 평가하는 습관을 가지면, 업무의 효율성뿐만 아니라 업무에 대해 생각하는 관점이 넓어지고 발생 가능한 변수까지 들여다보는 미래 예측력도 생기게 된다. 그래서 회사에서 인정받고 크게 성장하고자 하는 사람이라면 꼭 이 습관을 갖기를 추천한다.

경영자는 말할 것도 없고 직원들도 각자 오늘의 일과에 대해서 효율적이고 실현성 있도록 준비하여 출근하고, 퇴근할 때는 계획대로 수행했는지 평가하는 습관을 갖자. 이렇게 했을 때 나의 업무는 효율성과 생산성이 극대화될 것이다.

인수인계는
며칠 동안 해야 할까?

새로운 직원이 입사하고 기존 직원이 퇴사할 때 며칠간 인수인계를 하는가?

주변의 경영자들에게 물어보면 대개 일주일 혹은 일주일 이내 정도의 답변이 돌아온다. 당신의 생각은 어떠한가?

회사에서는 직원의 퇴사로 인한 후임자의 신규 채용이나 혹은 보직 변경 때 업무 인수인계 작업이 이루어진다.

이런 인수인계 작업은 업무의 성격과 난이도에 따라 최소 일주일에서 최대 한두 달 동안 체계적으로 해야 업무의 공백을 예방할 수 있다. 충분한 인수인계 과정을 거친 후임자는 업무 파악을 빠르고 제대로 해 업무의 효율성과 생산성을 발휘할 수 있고, 궁극적으로 회사 전체가 원활하게 돌아간다. 그래서 경영자는 규정에 따라 인수인계 과정이 원만하게 이루어지도록 시스템을 정비해 두어야 한다.

현실적으로 많은 회사가 객관적이고 체계적인 리스트도 없이 며칠만에 심지어는 2~3일 만에 인수인계를 끝마치는 경우가 있다. 그야말로 서류들을 두서없이 몽땅 가져와서 '이건 어떤 서류이고 어떻게 작성하는 것이다'라고 하면서 대충 설명을 끝내고 물어볼 것이 있으면 물어보라고 한다. 인수받은 사람은 내용을 잘 알지 못하니 제대로 질문 한번 못하고 체면상 알았다고 하면서 넘어가게 된다. 혹 전임자가 다른 부서에서 근무하더라도 잘 알지 못하는 사이이니 나중에라도 뭔가를 묻기가 어색하다. 제대로 된 인수인계의 중요성을 느낄 수 있는 대목이다.

이런 경우도 있다. 자신만이 알고 있는 내용이나 비법에 대해서 근무하는 중이나 퇴사하면서 절대 다른 사람들에게 알려주지 않는 사람들이 있다. 일종의 자기 안위를 위한 방편으로 말이다. 자기가 없으면 업무가 제대로 이루어지지 못하게 해서 결과적으로 회사에서 자기를 함부로 하지 못하도록 하는 잔꾀인 셈이다.

때로는 인수인계를 해주지 않고 그냥 퇴사해 버리는 직원도 있다. 그럴 수 있느냐고 하면서 인수인계를 해주고 퇴사하라고 요구하면 되레 재직 중의 일을 문제 삼겠다며 엄포를 놓는 사람도 있다고 한다.

자신이 속한 조직에 대해 이렇게 애정이 없다면 어떻게 회사가 유지되겠는가. 이런 식이어서 조선시대 철갑과 화력으로 무장한 훌륭한 거북선 조선(造船)기술이 후대에 제대로 전수되지 않은 게 아니었을까 생각하면 마음이 참 쓸쓸하다.

인수인계의 중요성은 회사뿐 아니라 어디서나 마찬가지이다. 정권이 바뀔 때 제대로 된 인수인계가 이루어지지 않고 좋은 정책마저 활용하지 않고 배척당한다면 국력이 낭비되고 정책의 연속성은 단절될 수밖에 없다. 작은 음식점이라 해도 기존 직원이 음식 조리법과 홀을 어떻게 관리하고 손님이 왔을 때 어떤 방법으로 응대했는가 등에 대한 인수인계가 이뤄지지 않으면 신규 직원이 들어올 때마다 가게의 이미지는 타격을 받을 수밖에 없다.

미흡한 인수인계는 후임자로 하여금 업무를 효율적·생산적으로 하지 못하게 함으로써 결과적으로 회사에 손실을 미친다.

인수인계 제대로 하는 방법

젊은 시절 대형 건설사에서 근무하면서 리비아에서 해외 근무를 하던 때다.

시공하는 우리 회사와 협업 관계인 영국의 감리회사가 있었는데, 그 회사 직원이 하루는 다른 사람을 데리고 왔다.

"저 사람이 누군데 나한테 소개시켜 주는 거예요?"

"제 후임자인데 지금 인수인계를 하는 중입니다."

"그래요? 귀국하려면 한 달이나 남았는데 벌써요?"

그랬더니 한 달 동안 같이 근무하면서 인수인계를 하는 게 자기 회사 규정이란다. 인수인계를 꼼꼼하게 받기 때문에 한 달 후에 후임자가 혼자서 일하더라도 아무 문제 없이 일을 할 수 있다고 했다.

그때만 해도 나는 '한 달씩이나 인수인계할 일이 뭐가 있을까, 일주일이면 충분할 텐데'라고 생각했다. 이에 대한 그 직원의 답변은 이랬다.

"그래요. 실제로 일주일이면 다 가르쳐줄 수 있어요. 그런데 혼자 일 처리를 하다가 실수하거나 잘못 판단하여 처리하게 되면, 한 달 급여보다 훨씬 많은 회사 손실이 생길 수 있죠. 그런 일을 방지하려면 꼼꼼하게 인수인계해야 하는 겁니다."

그렇다. 그들은 크게 생각하고 멀리 보고 일하는 것이었다. 이런 사고방식이라면 전임자의 좋은 정책이나 생각을 충분히 계승, 발전시킬 수 있으리라는 생각이 들었다.

우리나라 같으면 전임자의 정책을 그대로 따라 하면 창의적이지 못하다느니, 생각도 없이 그대로 따라 하느니 하면서 핀잔을 주기 십상이다. 그렇기에 일단 전임자가 추진하던 사업을 반대하거나 비난하고, 설사 똑같은 내용이라도 용어라도 바꾸어 실행하지 않는가. 영국 직원의 태도를 꼭 배워야 한다고 생각한다.

그러면 어떻게 인수인계를 해야 효율적·생산적으로 업무를 추진할 수 있을까?

첫째, 충분한 시간 갖기

경영자는 새로 입사하는 직원이 전 회사에서 인수인계를 제대로 하고 오도록 시간을 주어야 하고, 그런 직원을 옳게 보아야 한다. 그렇지 않은 사람은 다음에 우리 회사를 그만둘 때도 대충 인수인계하고 떠날 사람이기 때문이다. 직원에게 충분한 시간을 주어 전 회사를 잘 마무리하고 와서, 새로운 회사에서도 전임자에게 충분히 업무를 배울 수 있는 시간을 주자.

둘째, 인수인계 규정을 완비하기

회사 업무를 전체적으로 파악할 수 있고 업무가 체계적으로 정리된 리스트를 통해 인수인계가 이뤄지도록 하자. 아울러 인수인계 절차 및 기간 등을 명시하여 업무의 공백 없이 곧바로 실전에 투입되도록 해야 한다.

셋째, 구체적으로 설명하고 적극적으로 질의응답하기

업무에 대한 구체적인 사항들을 모두 양식으로 표현하기는 어려울 것이다. 현재 진행 중이거나 직전 완료된 서류를 통해서 서류의 목적, 내용, 작성 방법, 특기사항, 평가 방법, 다른 서류와의 연관 등을 위주로 대분류에서 중·소분류로 체계적으로 설명해야 한다. 설명 후에는 충분한 질의응답이 이루어져야 한다.

넷째, 시뮬레이션 실시하기

실제의 업무를 가상하여 용지에 직접 작성해 보도록 하고 교정과 보충 설명으로 내용의 숙지를 확인해야 한다.

다섯째, 합동 업무 수행하기

먼저 전임자가 결재 등 업무를 직접 하면서 후임자를 대동하여 옆에서 보고 배우도록 한다. 그다음에는 후임자가 직접 작성, 결재 등 업무를 추진하고, 전임자는 옆에서 보조만 해준다.

인수인계를 대충 하지 않고 제대로 해야 업무 공백이 생기지 않고,

업무를 효율적·생산적으로 할 수 있으므로, 회사 전체로도 업무가 원활하게 굴러가게 될 것이다. 그러므로 경영자나 직원 모두 인수인계를 짬 나는 시간에 대충 해도 된다고 생각하지 말고 충분한 시간을 투자해 진지하게 임하길 바란다.

PART 2

현명한
의사 결정을
하고 있는가?

문제 해결력, 판단력

의사 결정의 두 수레바퀴, 상책(上策)과 타이밍

"김 이사, 이번 투자 건에 대해 제안 설명을 해보세요."

상가를 지을 땅을 살 것인가, 오피스텔을 지을 땅을 살 것인가에 대해 간부들이 두 번째 회의를 하고 있었다. 일부는 역세권에 상가를 지어 분양하자 하고, 다른 일부는 상가는 공실이 생기는 추세이니 주거용 오피스텔을 지어야 한다고 한다. 어느 쪽으로든 확신할 만한 근거가 부족하여 "각 부서에서 더 시장조사를 정확히 하여 다음 주에 3차 회의를 합시다"라고 하고서 회의를 마쳤다.

올바른 의사 결정을 하는 것은 쉬운 일이 아니다. 그것이 크고 중요한 사안이라면 더욱 어렵다.

회사에 그만큼 많은 영향을 주고 책임도 따르기 때문이다. 누구나 의견을 내놓지만 아무나 상책(上策)을 구하는 것은 아니다. 설사 상책을 구했더라도 가장 효과를 낼 수 있는 타이밍을 찾는다는 것도 어려운 일이다. 조금 빠르거나 늦을 경우에는 결과가 많이 달라진다.

수레가 두 바퀴로 굴러가듯이 상책과 타이밍을 제대로 갖추어야 올바른 의사 결정을 할 수 있다.

가장 좋은 의사 결정, 상책을 구하는 방법

회사는 날이면 날마다 일의 연속이다. 이런 일들을 가장 효율적이고 효과적으로 해내기 위해서는 어떤 결정을 해야 한다. 우리가 내리는 결정에는 하책, 중책, 상책이 있다.

하책(下策)은 이익이 없고 오히려 회사에 손실을 초래하는 결정으로, 비용과 시간만 낭비하여 하지 않는 것만도 못한 의사 결정이다. 이런 하책을 내는 사람에게는 일을 맡겨서는 안 된다.

중책(中策)은 이익이나 손실이 미미한 결정이지만 그저 해볼 만한 결정이며, 회사의 많은 결정들이 여기에 해당한다.

상책(上策)은 회사에 큰 이익을 가져다주고 가장 효율적인 결정이지만, 아무나 상책을 찾아내지는 못한다.

어떻게 해야 상책을 낼 수 있을까? 많은 자료를 분석하고 사례를 충분히 찾아야 하며 현장 감각도 있어야 한다. 필요하면 관련 부서와 충분한 협의를 거쳐서 중지를 모아야 한다. 무엇보다 상책을 낼 수 있는 실력을 연마하는 데 노력을 많이 기울여야 한다. 상책을 찾기 위한 방안은 조금 뒤에 구체적으로 다루기로 하고, 우리가 내린 의사 결정이 상책인지 중책인지 하책인지를 구분하는, 가장 단순하고 명쾌한 방법에 대해 언급하려고 한다. 바로 비용 효과 분석(Cost Effectiveness Analysis, CEA) 방법이다. 어떤 일을 하기 위한 비용과 그 일의 결과에 대한 효과를 비교 분석하는 것이다.

비용 효과를 비교 분석하기 위해서는 투입된 비용과 산출된 효과를 수량화해야 명확하게 알 수 있다. 투입된 비용은 쉽게 알 수 있고 산출된 효과는 다소 불분명할 수 있지만, 가능하면 객관화할 수 있는 수량으로 환산할 필요가 있다.

▶ **많은 비용 – 적은 효과(고비용 저효과): 하책**

▶ **적은 비용 – 적은 효과(저비용 저효과): 중책**

▶ **많은 비용 – 많은 효과(고비용 고효과): 중책**

▶ **적은 비용 – 많은 효과(저비용 고효과): 상책**

우리는 적은 비용을 투입하여 많은 효과를 낼 수 있는 방안인 상책을 찾아내야 한다. 예를 들면 직원 채용 업무에 대한 아웃소싱 여부를 결정하려면 어떻게 해야 할까?

회사에서 직접 채용 공고, 서류 접수와 분류, 면접 등 채용에 관련하여 들어가는 직원의 수와 시간 등 총비용과 외부에 아웃소싱하여 얻는 총효과(거래업체와의 용역계약 총액)를 비교하면 어느 쪽이 더 나은지 금세 알 수 있다.

현장에서 있었던 일이다. 작업효율이 너무 떨어져서 안 되겠다면서 현장관리부장이 신규 장비 구입에 대한 결재문서를 가지고 왔다. 그러나 나는 쉽게 결재할 수 없었다.

"무조건 신규 장비 사달라고 하기보다는, 장비를 신규로 구입하는 경우와 임대해서 쓰는 비용, 또 나중에까지 사용하면서 얻는 효과에 대해 비교 분석한 내용을 가져와야 내가 판단할 수 있지 않은가?"

상책이란 이런 것이다. 고려해 볼 수 있는 경우의 수를 다 짚어보고 나서야 나올 수 있는 것이다.

내가 아는 어느 제조회사의 대표가 광고 모델을 누구로 정하면 좋을지를 고민하고 있었다. 그래서 조언을 한마디 해주었다.

"김 사장, CEA야. 비용과 효과를 분석해 보면 일반인을 쓸지, 보통 모델을 쓸지, 톱모델을 쓸지 감을 잡을 수 있을 거야."

그 회사는 CEA를 해본 결과 일반인을 광고 모델로 기용하고 그에 맞는 광고 콘셉트로 좋은 반응을 얻을 수 있었다.

공사를 하다 보면 당초 도면과 다르게 시공해 달라는 요청을 받을 때가 있다. 이럴 때 설계 변경을 하게 되는데, 비용 효과 분석을 하면 명료해진다. 저비용 고효과면 적극적으로 추진하고, 고비용 저효과라면 설계를 변경하자고 해도 안 하는 게 나은 것이다.

어떤 의사 결정을 내릴 때 상책, 중책, 하책인지를 구별해야 할 때는 비용 효과 분석의 기법을 활용하기를 권한다.

효과를 극대화하는 의사 결정, 타이밍 맞추기

회사에서 의사 결정을 할 때 상책을 구할수록 회사에 많은 이익을 가져다준다. 그런데 이것만이 전부가 아니다. 하나 더 고려해야 하는 게 있는데, 바로 타이밍이다.

아무리 상책을 구해도 타이밍에 따라 회사가 거둘 수 있는 이익이 반감되기도 하고 크게 증대되기도 한다. 주식투자자와 식사를 하면서 이런 일 저런 일 얘기한 적이 있다. 내가 "그렇다니까, 모든 정책은 타이밍이야"라고 하면서 무슨 일을 하든 가장 적기의 타이밍을 찾아야 한다고 했더니, 그도 "주식을 사고파는 것도 역시 타이밍이야"라고 하기에 서로 웃었던 기억이 있다.

"이번에 신제품을 출하했는데 기존 제품 가격보다 저렴한데도 잘 팔리지 않아서 골치 아프네. 생각보다 광고마케팅비도 너무 많이 들어가고 있어."

지인인 어느 회사 사장이 토로한 하소연이다. 기능이 좋은 신제품이라 하더라도 기존 제품에 익숙한 고객들이 소비 패턴을 바꾸지 않으면 좋은 성과를 거두기 어렵다. 그래서 소비자의 소비 패턴을 바꿀 수 있을 만한 적절한 타이밍에 제품을 출하했어야 하는데 그 회사의 경우 너무 빨랐던 것이다.

가장 좋은 타이밍을 찾기란 이처럼 어려운 일이다. 끊임없이 소비자의 니즈를 조사하고 경쟁업체의 상황을 파악하여 적기의 타이밍을 찾아야 한다. 이 신제품이 1년쯤 후에 어느 대기업에서 비슷한 제품을 출시하여 히트를 쳤다. 타이밍을 잘 잡았기 때문이다.

의사 결정에서는 하책, 중책이 아닌 상책이라야 올바른 의사 결정이다. 비용 효과 분석을 통해서 여러 가지 경우의 수를 비교 검토해야 한다. 또한 아무리 상책이라도 적기의 타이밍을 찾아야 한다. 그렇지 않으면 좋은 효과라 할지라도 반감될 것이다. 상책과 타이밍은 의사 결정이라는 수레의 두 바퀴라고 할 수 있다.

기똥차게
의사 결정하는 비법

계속되는 회사 일을 처리하기 위해서는 올바른 의사 결정을 내려야 한다.

그것도 상책을 내려야 하기 때문에 여러 가지를 슬기롭게 고려해야 한다. 자신의 무관심과 무능력 때문에 올바른 의사 결정을 내리지 못하면 회사에 손실을 끼칠 수 있기 때문이다.

감정이 복잡할 때 중요한 결정을 하면 안 되는 이유

세계 역사상 가장 넓은 대륙을 점령한 몽골 제국의 창시자이자 초대 칸이었던 칭기즈칸은 "화가 났을 때 아무것도 결심하지 말아야 한다.

분노로 행한 일은 틀림없이 실패하기 마련이다"라고 했다.

어느 날 칭기즈칸이 전투 중에 우물물을 마시려는데 애지중지 기르는 매가 날아와서 세 번이나 물잔을 엎어버렸다. 이에 화가 난 칭기즈칸은 매를 베어버렸다. 그런데 나중에 알고 보니 우물 안에 커다란 독사가 죽어 있었다. 우물물이 독에 오염된 사실을 먼저 알아챈 매가 충성심에서 그런 행동을 했다는 것을 뒤늦게 깨달은 칭기즈칸은 자신의 행동을 무척 후회하며 위의 말을 남겼다. 그러나 순간의 분노를 참지 못해 저지른 일은 후회해도 이미 늦은 경우가 많다.

2019년 미국경제 전문지 《포춘》이 발표한 '글로벌 500대 기업'에서 세계 15위를 차지한 삼성의 이건희 회장은 어려서부터 자동차광이었다. 그는 그룹의 다른 회사들처럼 자동차 사업도 경쟁업체인 현대자동차를 넘어 국내 1위뿐만 아니라 세계적 자동차 회사로 만들고 싶어서 업계에 뛰어들었지만 성공하지 못했다. 경쟁심이나 질투, 단순한 취미로 의사 결정을 해서도 안 되는 이유이다.

한번은 회사에 출근하여 상무에게 전화를 걸어 잠시 보자고 했더니 아침 일찍부터 자리를 비웠다고 했다. 이유를 물으니 화가 난 채로 부리나케 현장에 간다고 했단다. 현장소장한테 업무 지시를 했더니 자신의 지시를 따르지 않을뿐더러 오히려 목소리를 높이며 대거리를 하여 사표를 받기 위해 현장으로 갔다는 것이다.

그래서 상무에게 즉시 전화를 했다.

"한 상무, 대충 이야기는 들었네. 그래, 그런 현장소장은 본보기로 사표를 받아도 돼. 그런데 내일부터 그 현장을 대신 이끌 소장이나 작업 공백에 대한 대비책은 세웠어요?"

그랬더니 아직 거기까지는 생각을 안 했단다.

"한 상무, 화가 난다고 그런 식으로 행동하면 회사는 어찌 되겠소? 당장 올라오세요. 사표는 현장 준공을 마친 다음에 받고 싶으면 알아서 하세요."

결국 며칠 후 현장소장의 사과로 일이 잘 마무리가 되었지만 아무 대책도 없이 성질대로 했다면 현장 업무가 엉망이 되었을 것이다.

회사 업무를 하다 보면 효과적으로 의사 결정이 이루어져야 하는데 그렇지 못한 경우가 많다. 사람이 하는 일이다 보니 늘 올바른 선택을 하기 어려울 수 있겠지만, 감정을 앞세워 일처리를 해서는 안 된다. 자신의 의사 결정이 회사에 큰 손실을 끼칠 수 있음을 염두에 두고 보다 냉정하게 처리해야 한다.

손자는 "패배하는 전사는 전쟁을 시작하고 나서 이길 방법을 찾지만, 뛰어난 전사는 먼저 이길 방법을 만들어놓고 난 후 전쟁을 시작한다"고 했다.

이렇듯 신중한 의사 결정은 업무를 하는 데 무척 중요하다. 이때 올바른 의사 결정을 할 수 있는 열 가지 방법을 염두에 두고 업무를 수행하면 도움이 될 것이다.

올바른 의사 결정을 할 수 있는 열 가지 방법

1. 정의로워야 한다

회사의 규정과 명예뿐만 아니라 업계의 규칙을 깨뜨리는 정의롭지 못하거나 부도덕한 것이 아니어야 한다.

2. 상책이어야 하고 타이밍에 맞아야 한다

저비용 고효과 분석(CEA)에 의한 상책을 찾고 적당한 타이밍을 찾아야 한다. 적절한 타이밍을 발견했다면 그에 대한 마감 시간을 설정하여 빠르게 추진해야 한다.

3. 감정이 없는 평온한 상태에서 해야 한다

분노, 질투, 취미, 배고픔, 조급함, 경쟁심 등의 감정이 섞이면 일을 그르치기 쉽다. 냉정하고 차분한 상태에서 해야 한다.

4. 회사의 이익을 최우선적으로 해야 한다

개인의 이익이나 편함 등 이기적인 생각을 앞세우기보다 회사의 이익을 우선으로 고려해야 한다.

5. 전체적 관점에서 파악해야 한다

자기 입장, 자기 부서의 입장에서가 아닌, 회사 전체의 입장에서 시너지를 고려해야 한다.

6. 핵심과 숨어 있는 의도까지 봐야 한다

핵심은 단순화시켜 파악하고 명분에 현혹되지 않도록 한다. 더불어 그 안의 숨은 의도까지 고려해야 한다.

7. 판단이 정확해야 한다

애매하거나 비슷한 것은 틀린 것이다.

8. 깊고 넓고 길게 생각하여야 한다

해당 이슈에 대한 완벽한 분석과 이를 위한 사례 분석, 외부 자문도 충분히 구해야 한다. 관련된 모든 이슈를 비교 검토하고, 협업하여 한꺼번에 결정한다. 비슷한 일은 두 번 하지 않도록 이 결정이 향후에 미칠 영향과 부작용뿐만 아니라 바뀌고 변형될 경우까지 고려해야 한다.

9. 우선순위와 소요시간을 고려해야 한다

시기별, 상황별 우선순위와 소요시간을 생각한다.

10. 실현성을 점검해야 한다

무슨 결정이라도 상대편의 입장 즉 역지사지의 자세로 검토해야 그 일에 대한 실현성을 점검할 수 있다.

한번 내린 결정은 시위를 떠난 화살이다. 뒤늦게 '이렇게 했어야 했는데……' 생각하는 것은 변명에 지나지 않는다. 올바른 의사 결정을 하기는 생각처럼 쉽지 않다. 그러므로 후회 없는 결정을 하기 위한 여러 고려사항을 잘 살펴보기 바란다. 이것들은 모두 독립적이지 않고 상호 보완적이기 때문에 시너지 효과도 충분히 검토하여 나의 올바른 의사 결정이 회사에 이익이 되는 최고의 결정이 되도록 해야 한다.

성과를 내는 이들의
업무 추진 3단계

회사에서 이루어지는 이슈마다 업무를 추진하기 위해서는 큰 일이든 작은 일이든 3단계의 업무 추진 과정을 거치게 된다. 이 3단계를 계획(Plan), 실행(Do), 평가(See)라고 한다. 즉 PDS다. 이 PDS 과정을 거치지 않고 업무를 해서는 안 된다. 이 단계를 제대로 거쳐야 그만큼 성과를 낼 수 있다.

1단계. 계획(Plan)을 세우는 단계

우리는 사람을 만나고 헤어질 때 "나중에 식사 한번 합시다" 하고 말하는 경우가 많다. 그런데 이러한 말뿐인 약속이 실제 식사로 이어지는 경우가 얼마나 있는가?

한 지인이 사무실에 놀러 왔다. 나를 보고서는 "민 회장, 요새 혈색도 그렇고 몸이 좋아 보이네" 하면서 부러운 표정을 지었다. 사실 그즈음 점심 식사 후 곧바로 헬스장에 가서 두세 시간씩 운동을 했기 때문에 몸이 가볍게 느껴지던 터였다. 그러면서 지인은 다소 심각하게 "나도 이제부터 짬을 내서 집 옆에 있는 청계산을 다녀야겠어. 몸이 부쩍 불어난 것 같아"라고 말했다. 그런데 이 사람이 실제 산에 갔다는 소리는 듣지 못했다.

사람은 누구라도 꿈을 가지고 있다. 꿈 없이 그저 닥치는 대로 살아서는 안 될 일이다. '돈을 많이 벌어야겠다', '사장이 되겠다' '이번엔 기필코 담배를 끊어야겠다' 등 자기만의 꿈을 꾸며 산다.

그러나 이렇게 막연히 생각만 가지고 있는 사람이 그 일을 성사시키는지 가만히 살펴보면 그렇지 않은 경우가 더 많다. 꿈을 실현시키기 위해서는 현실적인 목표를 세워야 한다. '흉내만 내는 목표', '무늬만 그럴듯한 목표', '대충대충 하는 목표'를 가지고서는 아무것도 안 된다. 이런 부류의 사람들은 설사 일을 하더라도 성과를 내지 못한다. 그러므로 성과를 내려면 막연한 꿈이 아닌 또렷한 목표를 세우고, 그 목표가 계획으로 바뀌어야 한다.

계획은 구체적이고 명확해야 하고, 그러기 위해서는 육하원칙에 의한 세부 실천 계획이 있어야 한다. 그때가 되어서야 비로소 계획을 세웠다고 할 수 있다.

이 계획 단계에서는 우선순위가 정해져야 하고, 실현 가능하도록 상대 입장에서 검토해야 한다.

앞서 건강을 위해서 청계산을 가겠다던 지인도 "이제부터 짬을 내서 청계산에 가야겠어"가 아닌, "이번 주말부터 아내랑 10시에 청계산에 올라야겠어"라는 세부 실천 계획을 세웠더라면 만사를 제쳐놓고 산에 올랐을 것이다.

막연한 꿈이나 목표는 있으나 마나 한 것이다. 계획에 의한 세부 실천 계획을 짜는 습관을 통해 실현 가능한 목표로 바꿀 수 있어야 한다.

2단계. 일의 성패를 좌우하는 실행(Do)의 단계

"아무리 멋진 전략도 실행이 잘못되면 헛일이다"라는 말이 있다. 그만큼 실행 단계가 중요하며, 이 실행을 잘하느냐 못하느냐에 따라 계획의 성공 여부가 결정된다.

수립한 계획을 제대로 실행하려면 효율적인 조직 정비가 이루어져야 한다. 이때 가장 중요한 것은 계획을 실행하는 사람의 역할이다. 계획을 실행하는 여건은 언제나 동일할 수 없으므로 외부 환경과 내부 상황에 따라 목표는 언제든지 변경될 수 있다. 다만 가장 효과적으로 성과를 낼 수 있도록 조직과 인사의 재편은 늘 이루어져야 하고, 이를 효율적으로 운영할 시스템 역시 필요하다.

이 실행 단계에서는 과감히 부딪치는 용기가 필요하다. 계획을 세웠다면 잡생각은 그만하고 행동에 집중해야 한다. 이때 자신감을 갖고, 될 때까지, 성사시킬 수 있는 방법으로, 반복해서 부딪치는 것이 중요하다. 어렵고 영향이 큰 일일수록 수완과 협력으로 기필코 성사시킨다는 마음가짐으로 임해야 한다. 상대편이 억지 부리며 강하게 나오면 나올수록 기죽지 말고 더욱 힘을 모아 기세를 올려야 한다.

그런데 보통 어려운 일을 만나거나 강하게 나오는 사람을 마주하면 오히려 겁을 먹고 위축되어 포기하거나 물러서는 사람이 있는데, 그러면 성과를 낼 수 없다. 심지어 시도하다가 안 되면 회사가 여러 가지로 지원을 안 해주어서 그렇다고 변명이나 핑계를 대기도 하는데, 이러한 행동은 옳지 않다.

한번은 직원이 업무를 수행하는 데 열정도 없고 매사 대충 처리하기에 조용히 불렀다.

"김 주임, 요즘 무슨 고민이 있나? 예전과 달리 업무에 집중하지 못하는 것 같아서 말이야. 업무에 책임도 져야 할 연차이고, 아래 직원들도 있으니 좀 더 모범을 보이면 좋겠어."

이런 나의 훈계에 직원은 입을 꾹 다문 채 얼굴을 잔뜩 붉혔다. 그리고 다음 날 사표를 내밀었다. 업무에 대한 태도를 지적한 것이 몹시 불쾌하다는 이유였다. 자기의 잘못을 생각하지 않고 훈계하는 사람이 잘못이라고 판단하는, 옳고 그름을 자기 이익과 편함에 의해서 판단하는, 한마디로 프로의식이 없는 직원이었다.

이런 직원이 회사에 있으면 업무를 효율적으로 처리하지 못해 손해고, 후임자를 채용하고 훈련시키는 과정에서 시간과 비용이 드니 이 역시 손해다. 이런 처사는 '회사를 두 번 죽이는 것'이다. 일을 성사시키지 못했다면 차라리 "죄송합니다. 다음에 어떻게든 만회하겠습니다"라고 하는 직원이 되어야 하지 않겠는가. 회사는 그래서 해결사적 역할을 하는 사람을 좋아하기도 한다.

3단계. 보상을 받는 정당한 평가(See)의 단계

계획을 수립하고 실행의 단계를 거쳐 적절한 성과가 발생했다면 이 것을 공정하게 평가할 필요가 있다. 평가에 의한 적절한 보상과 제재는 차후 업무를 진행하는 데 중요한 밑거름이 된다. 직원 개개인에게 주는 보상과 제재는 회사 생활을 하는 데 적절한 활력과 통제력을 줄 수 있다.

최근 모 증권회사에 다니는 중간 간부가 투자 성과에 따른 결과로 수십억의 보상을 받았다는 기사를 보았다. 이러한 보상은 직장인에게 강력한 동기부여가 되기도 한다. 공정하고 충분한 평가와 보상이 개인과 회사 모두에게 활력으로 작용한다는 것을 기억하자.

이처럼 회사에서는 모든 업무가 계획(Plan), 실행(Do), 평가(See)의 3단계로 추진된다. 실현 가능한 계획과 추진하는 실행력, 그리고 적절한 대안과 보상이 갖추어진다면 직원들은 제대로 된 성과를 낼 수 있다. 만약 이 3단계를 거쳤음에도 만족스럽지 못한 성과가 나왔다면 피드백을 통해 더 좋은 대안의 3단계가 이루어지도록 하는 것이 중요하다.

사업을 해볼까 고민하는
이들에게 전하는 고언(苦言)

세상의 수많은 사람들은 무슨 일을 하면서 먹고살까? 대략 분류해 보면 다음과 같다.

▶ **소상공, 자영업, 전문직, 기업인**

▶ **각종 샐러리맨**

▶ **공직자**

그러나 크게 보면 사업의 길과 직장에 다니는 샐러리맨·공직자의 길, 두 가지다.

'사업이나 해볼까'라고요?

처음부터 사업의 길을 선택하는 사람이 있고, 샐러리맨이나 공직자의 길을 선택하는 사람이 있다. 그러다 나중에 본인의 진로를 바꾸어 사업의 길로 가려는 사람도 있다. 그래서 사회생활을 처음 시작할 때는 "인생을 어느 길로 선택할 것인가?" 하고 스스로 질문을 던져보아야 한다. 왜냐하면 처음이든 나중이든 사업의 길을 생각하는 사람은 직장을 선택하는 사람과 생각과 처신, 준비부터 달라야 하기 때문이다.

나는 사업을 하려는 사람들에게 꼭 해주고 싶은 말이 있다. 사업은 신중하게 결정해야 하고 철저히 준비해야 하며 시작하면 반드시 성공한다는 각오로 뛰어들어야 한다는 것이다. 딱히 할 것이 없어서 사업을 선택해서는 절대로 안 된다.

사업은 결코 쉬운 길이 아니다. 사업을 한다고 해서 모두가 성공이 보장되는 것도 아니다. 오히려 성공하기 더 어려운 길이다. 그리고 그 길은 천당과 지옥을 오가는 길에 비견된다. 그러므로 함부로 선택해서는 안 되지만, 일단 그 길을 선택했다면 꼭 성공을 한다는 각오로 임해야 한다. 그렇다고 두려워할 필요는 없다. 한번 도전해 볼 만한 길이기 때문이다. 그런 점에서 나는 젊은이들에게 사업을 통해 도전해 보라고 말한다. 무수한 성공과 실패를 통해 토대를 닦아나간 젊은이들의 손에서 기발하고 획기적인 스타트업이 나오기를 바라고, 이를 통해 더욱 많은 사람들이 사업을 꿈꾸기를 바란다.

내가 아는 어느 사업가는 조명 회사에서 직장 생활을 하다가 조명기술을 가지고 독립하여 성공했고, 또 어떤 기업가는 기계 제조회사를 다니다 독립하여 특허를 내어 크게 성공했다. 두 사례 모두 직장 생활을 통해 경험을 쌓고 사업으로 연결하여 성공한 케이스다. 어떤 젊은이는 관심 있는 분야의 인터넷 쇼핑몰 사업을 시작하여 불철주야 지칠 줄 모르고 일을 한 결과 지금은 성공 가도를 달리고 있다. 어떤 지인은 미국에서 음식점을 운영하기 위해 부부가 6개월 동안 월급 한 푼 받지 않고 조리법을 배워 LA 한인타운에서 큰 음식점을 운영하고 있다. 젊은이는 직장 생활의 경험은 없지만 일찍이 자신의 관심사를 파악하여 사업으로 연결시켰고, 지인 역시 음식점과는 전혀 상관없는 일을 하다가 전직하여 성공한 좋은 케이스다.

그런가 하면 대기업에 다니다가 명예퇴직하고 나와서는 무슨 사업을 해볼까 궁리하던 한 지인은 자신이 다니던 회사와 거래처를 믿고 덜컥 사업을 시작했다가 뼈아픈 실패를 경험했다. 부랴부랴 수습을 하기 위해 주변에 도움을 청했지만 예의상 한두 번 도와주는 곳만 있었을 뿐, 거래가 꾸준하게 이루어지지 못해서 결국 3년 만에 사업을 접을 수밖에 없었다. 그 지인은 이제 퇴직금마저 날려버리고 노후 걱정에 시달리고 있다.

어느 지인은 회사의 주요 거래처를 가지고 나와서 퇴직 후 그 거래처를 기반으로 사업을 시작했다. 그러나 기존 회사와의 불화가 감정싸움으로 번졌고, 이런 와중에 기존 거래처들이 지인을 '부도덕한 사업주'라면서 거래를 끊어버려 불가피하게 사업을 접어야 했다.

이렇듯 사업을 처음 하든, 직장 생활을 하다가 시작했든 간에 다양한 성공 사례와 실패 사례가 있다. 그렇다면 왜 누구는 사업에 성공하고 누구는 실패할까?

위에서 소개한 사례 중 성공한 경우는 모두가 성공할 수 있는 핵심 역량(기술력, 자본력, 인력, 처세력, 전문지식, 남다른 열정 등)이 있었고, 다른 사람이 넘보지 못하고 모방할 수 없는 차별성이 있었다. 반면 실패 사례의 경우 사업에 대한 큰 고민 없이 시작했다가 낭패를 보거나, 안일하게 거래처 명단만 들고 나와서 서로 간의 신뢰를 깨는 등의 행동이 실패로 이어졌다. 이런 경우 절대 사업을 오래 지속할 수 없다.

어떤 사업이든 자신만의 '유일(Only)'하거나 '특색 있는(Unique)' 강점이 있어야 한다. 이러한 강점을 가진 회사는 계속 성장할 수 있다.

사업, 이렇게 준비해야 성공한다

이처럼 사업은 성공이 담보되지 않는 위험한 일이다. 자기가 원하는 사업에서 성공하면 직장 생활을 하는 것보다 좋을 수 있지만 만약 사업에 실패할 경우 본인과 가족뿐만 아니라 관련되어 있는 투자자와 직원 등 많은 사람에게 굉장한 고통을 주게 된다. 그러므로 사업은 시작했다 하면 반드시 성공해야 하고, 그러기 위해서는 다음과 같은 철저한 준비가 필요하다.

1. 열정, 투지, 강인한 의지, 도전정신, 자신감

남다른 열정이 있어야 사업을 시작할 수 있다. 자신의 사업을 좋아하는 것을 넘어 미쳐야 하고 밤낮없이 회사만 생각할 수 있어야 한다. 남들이 쉬는 주말에도 회사에 나가고 싶을 정도로 창업가 정신이 팔팔하게 살아 있어야 한다.

2. 사업자금

어느 정도 자금의 여유가 있어야 사업을 시작하고 유지할 수 있는 것은 분명한 사실이다. 그러나 돈이 없다고 사업을 못 하는 것은 아니다. 의외로 돈보다는 다른 여러 가지 성공 요인이 사업의 승패를 좌우하는 경우가 많다. 만약 돈이 없다면 자신만의 사업 아이템을 바탕으로 자금을 조달할 수 있는 능력이 있어야 한다. 사업할 때 돈이 최우선이라면 왜 돈이 많은 사람이 사업에서 망할까? 반면 자금의 여유가 없는 스타트업 회사들이 어떻게 성공할 수 있는지 생각해 보면 답은 간단하다.

3. 사업 업종, 사업 아이템

사업의 업종과 아이템은 굉장히 중요하다. 사업을 선택할 땐 미래 성장 가능성이 높은 업종이어야 하고, 자기가 잘 아는 아이템을 고르는 것이 굉장히 중요하다. 업종과 아이템을 잘못 고르면 성공 확률이 떨어진다.

4. 전문지식, 경험, 핵심 역량, 차별성

특별한 전문지식도 없이 남의 권유나 동업으로 성공을 바라거나 남의 성공만을 보고 부러워서 해당 업종에 가볍게 뛰어들어서는 안 된다. 남이 따라오지 못할 핵심 역량이 있어야 한다.

5. 사업 시작의 시기

평생 사업할 것이므로 몇 년 더 빠르고 늦고는 중요하지 않다. 빨리 시작하는 것이 중요한 게 아니라 몇 년 늦더라도 성공하는 것이 중요하다. 직장을 다니다가 쉬는 경우 사람들이 더 조급하게 생각해서 일을 저지르곤 하는데, 그래서는 안 된다.

6. 리더십, 추진력, 판단력, 통찰력, 문제 해결력, 위기관리 능력, 친화력

사업가라면 기본적으로 갖추어야 할 소양이다. 사업 초기와 성장기에 따라 요구되는 역량이 다르다. 사업 시작 때는 추진력, 문제 해결력이 훨씬 더 필요하다.

7. 회사 내 인재, 회사의 멘토

회사를 지켜내고 키워줄 충성심 있는 인재가 있어야 한다. 가족, 친척, 친구면 좋고, 외부에 사업을 지도해 주는 멘토가 있어 때때로 자문을 구할 수 있으면 더욱 좋다. 어려움에 처했을 때 도움을 줄 수 있는 공무원, 유관 단체, 금융·회계, 검경, 언론, 법률관계인 등 필요한 네트워크가 기본적으로 갖추어져 있다면 더할 나위 없다.

8. 사업운

사업운의 경우 사주와 역학과 관련된 것이어서 단정하기는 어려우나, 사람마다 운의 기세가 다르다. 어느 해는 큰 노력 없이 잘되기도 하고, 어느 해는 죽어라 노력해도 꼬이기만 하는 경우가 있다. 나 역시도 마찬가지였다. 이렇듯 사업운이 사업에 영향을 미치기도 한다.

사업을 시작하려면 준비를 철저히 해야 한다. 위에서 언급한 여덟 가지의 준비사항은 절대적이지 않고, 또 서로 상호 보완도 되기에 종합적 시너지를 고려해서 준비해야 할 것이다.

반복해서 말하지만 사업은 쉬운 게 아니지만 못 할 것도 아니다. 다만 일단 시작하면 무조건 성공해야 한다. 성공하려면 그만큼 준비가 철저해야 한다는 것을 기억하라.

사업을 시작할 때
준비해야 할 것들

사업을 시작하기로 결심했다면 무작정 일을 벌이는 것보다 사전에 준비를 철저히 하는 것이 중요하다. 회사의 기틀을 잡는 것이므로 사업 방향을 제대로 잡고 운용 방법을 세밀하게 준비하고 점검해야 한다. 그래야 사업 진행 중에 발생할 수 있는 시행착오를 미연에 방지할 수 있다. 사업을 본격적으로 시작하기 전에 사업 운용 시스템을 정비하고, 이를 시행하는 인력의 철저한 숙달은 업무의 효율성이나 생산성에 막대한 영향을 미치게 된다. 그러므로 준비를 제대로 하는 것은 결코 시간과 비용의 낭비가 아님을 알아야 한다.

건설회사의 현장 착공도 제조업체의 신규 공장 가동이나 일반 회사의 투자 사업과 성격이 비슷하다. 현장 착공 전 준비를 어떻게 해야 성공적으로 마무리가 될지를 살펴보는 것은 일반 회사의 투자사업이나 공장 운영의 준비 상황을 분석하는 데도 보탬이 된다.

어떤 일이든 '어떻게 시작하느냐'가 중요하다

미트박스(MeatBox)라는 축산물 직거래 사업을 선도하는 온라인 플랫폼 회사가 있다. 이 회사는 2014년에 회사를 설립하여 6년 만에 연 매출 3,000억을 올리는 굉장히 성공한 회사다.

사업 구조는 간단하다. 축산업의 공급자인 수입업자나 축산업자와 최종 소비자인 식당이나 정육점에 육류를 공급하는 사업 구조를 기존의 오프라인에서 온라인상의 플랫폼으로 바꿔 편리하고 값싸게 상호 연결해 주는 사업이다.

이 회사는 기존 방식인 다단계 유통구조와 외상 거래, 육류의 비싼 구입가격이라는 사업 방식을 직거래와 현금거래를 통해 자금이 원활하게 회전할 수 있도록 하고, 저렴한 가격에 좋은 품질의 물건을 제공할 뿐만 아니라, 물류 및 유통을 대행해 주는 플랫폼 사업 방식으로 바꾸기 위해 1년 넘게 철저히 준비했다.

"앞으로는 육류도 무인판매기에서 살 수 있을 거예요."

자신에 찬 목소리로 사업 방향을 설명하는 것을 듣고 나니 틀림없이 그런 날이 곧 올 것 같았다.

한번은 군대 공사를 수주하여 계약을 마친 후 공사 착공을 위해 바쁘게 준비하고 있었다. 그런데 어느 날 직원이 사무실에 들어와서 "회장님, 공사 발주처에서 대표이사를 오라고 하는데 어떻게 할까요?"라고 묻는 것이다. 간혹 군대 공사는 공사 시작 전에 잘 끝내달라는 업무 협조를 하기 위해서 대표이사를 보자고 하기도 해서, "대표이사는 어디 갔다고 하고 대신 임원이 가겠다고 그래"라고 전했다. 그런데도 대표이사가 꼭 와야 한다고 하는 것이 아닌가.

공사가 시작되면 기선을 제압하기 위해 서로가 쓸모없는 신경전을 벌이기도 한다. 나는 고심 끝에 처음부터 감정싸움을 하게 되면 공사 진행에 영향을 줄 수 있으므로 며칠 후 가겠다고 의사를 전했다. 그리고 지인을 통해 공사 발주처 측에 전화를 한 통 해달라고 부탁했다. 그리고 며칠 후 현장을 방문했을 때는 공사를 잘해달라는 부탁과 함께 "이제 더 이상 오실 필요 없습니다" 하고 정중히 대해주었다. 지인을 통해 내가 어떤 사람인지 이야기를 들은 듯했다. 쓸데없는 기 싸움이라 생각할 수 있지만, 큰 규모의 공사일수록 서로 간의 탐색전과 기선 제압을 위한 만남은 필요하다. 다만 이때부터는 공사의 시작부터 마무리까지 잡음 없이 마무리되어야 대표의 체면이 서고, 다음 공사 수주로 이어질 수 있으니 본업을 잘해야 하는 것은 필수다.

이렇듯 어떤 사업이든 철저한 준비를 해야만 실수를 줄일 수 있고, 철저한 사전 준비를 통해 대비해야만 잡음 없이 마무리할 수 있다. 다음은 내가 운영한 건설 사업의 예를 들어 일을 할 때 무엇을 준비해야 하는지 설명해 보겠다.

공사를 시작할 때 준비해야 할 것들

공사 현장도 많은 협력업체와 함께 협업으로 진행해야 하기 때문에 사전에 세밀한 준비가 필요하다. 제대로 준비가 안 되거나 대충 해서는 공사가 효율적으로 운영이 되지 않고 서로 분쟁만 커진다. 공사기간도 늘어나면 추가 비용이 발생할 수밖에 없다. 그렇기 때문에 시작부터 기본 계획을 잘 세우고 공사를 시작해야 한다.

여기서 준비해야 할 중요한 항목들을 간략히 열거해 본다.

1. 시공 체제

책임자인 현장소장을 어떤 사람으로 하느냐가 관건이다. 능력도 있어야 하지만 회사에 대한 충성도도 있어야 한다. 현장직원을 몇 명으로 해야 가장 효과적일지도 생각해야 한다.

2. 시공 계획

직영시공, 하도시공, 모작시공으로 나누어 비용과 효과를 분석해야 한다.

3. 실행 예산 편성

목표실행에 대한 경영자의 확고한 의지가 가장 중요하다. 목표실행 대비 실적을 매월 점검해야 한다. 실행보다 초과될 시에는 필히 원인을 파악하고 이에 따른 만회책을 세워야 한다. 현장에서는 실행 예산서를 너덜너덜할 정도로 수시로 들여다보면서 비용을 사용해야 한다.

4. 공정계획 수립

외부 공정표와 내부 공정표를 분리하여 작성하되, 내부 공정표는 한 번 확정되면 특별한 사유로 승인을 받기 전에는 임의로 수정해서는 안 된다. 주간 공정률(실적/목표)을 점검하고 긴박한 경우에는 일일 공정률도 점검할 필요가 있다. 정확성 있고 살아 있는 공정표 관리가 되어야지, 허위나 과장이 섞인 공정 관리는 안 된다. 현장 사무실 안 제일 잘 보이는 곳에 붙여놓고 매일 실적을 색칠하도록 한다.

5. 관급 자재와 주요 사급 자재의 수불 계획

공정에 지장이 없도록 충분한 납품 시간을 확보토록 수불 계획을 만들고 사급 자재 구입 계약은 착공하자마자 조기 발주해서 가격을 낮출 수 있게 한다.

6. 하도업체 선정 계획

하도업체 선정은 손익에 직결된 사항이다. 좋은 견적 금액과 시공 능력을 고려해야 하고 계약 불이행으로 인한 타절(打切)이나 공사 후 억지 부리는 업체를 사전에 예방하기 위해 주의를 기울여야 한다. 그러기 위해서 회사를 직접 방문하거나 최근에 시공 계약하여 공사를 마친 회사에 전화하여 확인하는 등 실태 조사를 철저히 하도록 한다. 착공 후 조기에 곧바로 마감 하도업체까지 미리 선정해야 가격도 낮출 수 있고 준비에 차질이 없다.

7. 설계 변경 추진 계획

설계 변경을 비용 효과 분석에 의해서 검토하여 선별적으로 설계 변경을 추진해야 한다. 설계 변경 추진 리스트를 잘 관리하여야 한다.

사업 시작 전 철저한 준비는 사업 운영 시의 시행착오를 막아주고 사업 성공의 발판이 된다. 그러므로 시간 낭비라고 생각해서는 안 된다. 오히려 사업 성공과 실패의 갈림길이라 할 수 있다. 위의 예시처럼 공사를 시작할 때 계획을 제대로 세워두면 업무의 효율은 말할 것도 없고 성과도 좋았다. 공사 진행 중에는 시간이 없을 수 있으므로 시작 전에 미리 점검을 잘해두어야 한다. 이렇게 하는 이유는 바로 비용과 이익에 직결되기 때문이다.

건설회사를 예로 들긴 하였지만, 직종을 떠나 사전 계획을 수립하는 것은 무엇보다 중요하고, 처음부터 끝까지 계획을 꼼꼼하게 세운 뒤에 세부 사항만 조정할 수 있도록 하는 것이 바람직하다. 잦은 계획의 변경은 자칫 배가 산으로 가도록 한다는 것을 기억하자.

PART 3

회사가 올바르게
나아가고
있는가?

목표와 방향, 위기관리

경영자 = 회사의 선장

회사는 누가 이끌어가야 할까?

경영자와 리더는 회사의 중요 이슈에 대한 최종 결정을 하는 사람이며 회사의 성패에 최종 책임을 지는 사람이다.

흔히 위기에 빠진 회사를 '운전자가 운전대에 엎드려 졸고 있다'고 표현하기도 한다. 아무리 성능 좋은 자동차라 할지라도 운전자가 졸고 있으면 앞으로 나아가지 못하거나 사고가 나기 십상이다. 경영자와 리더는 이 운전자와 같은 역할을 하는 사람이다.

중국을 천하 통일한 한나라의 유방은, 천자를 등에 업고 군사력이 월등한 항우를 어떻게 무찔렀을까? 그것은 유방에게 탁월한 리더십이 있어서였겠지만 한편으로 판세와 미래를 내다보는 전략가 장량과, 야전에서 용감히 싸워 백전백승하는 한신 장군, 전쟁을 잘 치르도록 후방의 행정 관리와 군량과 무기를 조달하는 병참에 능하며 민심을 잘 살펴준 소하가 있었기 때문이다.

우리 회사에도 이처럼 훌륭한 경영자와 리더가 있는가? 만약 그렇다면 회사는 틀림없이 성공할 것이다.

회사는 이익을 내기 위해 돈과 사람과 시간 등 자원을 가장 효과적으로 배분하여 성과를 내야 하는 곳이며, 이런 배의 선장과도 같은 경영자와 리더는 회사가 잘 굴러갈 수 있도록 적절한 역할을 해야 한다.

경영자와 리더는 무엇을 해야 하나?

첫째, 회사의 비전을 제시하고 목표와 방향을 설정한다

경영학의 아버지 피터 드러커(Peter Drucker)는 "어떤 기업도 모든 것을 할 수는 없다. 만약 모든 것을 할 돈이 있다 하더라고 그걸 해낼 능력이 있는 사람이 모자라서도 못 할 것이다. 기업은 우선순위를 정해야 한다. 가장 나쁜 것은 모든 것을 조금씩 다 하려는 것이다. 그것은 아무것도 이루지 못하게 되는 확실한 방법이다. 잘못된 우선순위를 세우는 것이 우선순위를 아예 세우지 않는 것보다는 낫다"라고 했다.

회사가 모든 것을 다 할 수 없기에 비전과 목표를 제대로 제시할 수 있어야 한다. 그래야만 직원이 방향을 잃지 않고 업무를 수행할 수 있다.

세계 의류판매 1위 회사인 스페인의 '자라(Zara)'는 요사이 오프라인 매장 수를 줄이는 대신 공간을 크고 여유롭게 리모델링하여 휴식 겸 체험하는 매장으로 바꾸고 있다. 젊은 층이 구입하고자 하는 제품을 오프라인 매장에 와서 미리 알아보고 온라인으로 구입하는 경향이 있기 때문이다. 이처럼 판매 방식을 온라인 중심 매장으로 확대 개편하면서도 매출은 해마다 성장하고 있으며, 시장의 유행을 선도한다는 점에서 또렷한 목표와 방향성을 가지고 있다고 볼 수 있다.

둘째, 조직의 활력과 도전정신을 고취시킨다

커피 문화를 만들어낸 스타벅스의 CEO인 슐츠(Howard Schultz)는 "안 된다고 하는 사람들이 위대한 기업을 일으킨 적은 한 번도 없다"고 했다. 중국판 정주영이라고 하는 중국의 부호 싼이중공업 량원건 회장 역시 "할 수 있다와 할 수 없다는 모두 옳은 판단일 수 있지만, 그에 따른 결과는 전혀 다르다. 할 수 있다고 생각하면 그것을 이루려고 노력할 것이고, 할 수 없다고 생각하면 아무것도 하지 않고 그냥 포기하고 말 것이다"고 했다.

이처럼 성공은 열정을 가지고 도전하는 사람의 것이다.

셋째, 통솔력과 추진력을 갖춘다

조직의 역량을 한곳에 모으고 협력하여 일을 추진해 나갈 수 있게 하며 지휘명령 체계가 살아 움직일 수 있도록 해야 한다. 그래서 나는 간부들에게 속된 말로 직원들을 '부려먹지 못하고' 자기가 모든 걸 직접 하려고만 하는 '소총수' 짓을 제발 하지 말라고 강조한다. 사단장은 사장단의 역할을 해야 사단장이 되듯이 소총수 역할을 하는 사람은 회사의 리더가 될 수 없다.

넷째, 인재 확보와 직원의 교육 훈련에 힘쓴다

회사의 성공과 실패도 결국은 사람의 손에 달려 있다. A급의 직원이 있는 회사는 A급 회사를 만들고, C급의 직원이 있는 회사는 C급 회사를 만드는 법이다. 직원이 회사 돈으로 성장하여 이직할까 두려워하기보다는, 떠나고 싶지 않은 회사를 만드는 것이 리더의 역할이다.

다섯째, 회사의 핵심 역량을 발굴하고 유지 발전시킨다

한국야쿠르트회사는 요구르트 판매로 시작해서 화장품, 우유 등으로 사업 연관성이 없어 보이는 업종으로 다각화해 갔다. 이 성공 비결은 요구르트 판매로부터 다져온 방문 판매와 거리 판매의 조직과 기술이라는 핵심 역량을 갖추었기 때문이다. 회사의 핵심 역량을 제대로 파악하고 만들어나가면서 발전시켜야 한다.

여섯째, 위기관리 능력과 문제 해결 능력을 발휘한다

회사의 당면 이슈에 대한 문제 해결을 제대로 해결할 수 있어야 한다. 특히 회사에 큰 영향을 주는 자금이나 기술과 인재 및 사업권 특허권 등 위기를 야기할 수 있는 이슈는 수시로 조기에 위기 가능성에 대한 안목을 키우고 점검하고 해결해 내는 체제와 시스템을 갖추고 있어야 한다.

일곱째, 회사의 명예와 신뢰를 지킨다

경영자와 리더는 모든 직원뿐만 아니라 거래처에도 많은 영향을 끼치게 되므로 항상 인품과 이미지 관리에 신경을 써야 한다. 신뢰란 쌓을 땐 벽돌을 하나씩 쌓듯이 어렵지만 무너질 땐 한꺼번에 와르르 무너지므로 조심해야 한다.

회사란 쓰러지지 않아야 존재 의미가 있고, 이를 성장시키는 데 경영자와 리더의 역할과 사명이 있는 것이다. 회사를 운영하다 보면 왜 어려운 상황에 빠질 때가 없겠는가? 그럴 땐 슬기롭게 헤쳐나가고 이겨낼 수 있도록 이끌어가는 것이 경영자와 리더의 몫이다.

내가 사업을 시작하고 얼마 되지 않았을 무렵, 장교아파트 신축 공사를 할 때의 일이다. 골조공사를 하던 하도업체가 수령한 공사비를 몇 달 동안 노임, 자재비, 장비비로 지급하지 않고 다른 곳으로 빼돌린 뒤 고의로 부도를 내버렸다. 그래서 어쩔 수 없이 회사에서 이중으로 부담할 수밖에 없었다. 회사로서는 사업에 대한 경험이 많지 않을 때 발생한 일이라 신뢰를 깰 수 없어 모두 경비 처리를 했지만, 개인적으로 무척 뼈아팠던 일이다.

또 부산에서 아파트 재건축 공사를 할 때 조합원끼리의 소송 등으로 2년이면 끝날 공사를 3년 반 동안 매달려 공사하느라 자금 부족뿐만 아니라 조합과의 마찰 때문에 많은 고생을 한 적도 있다. 그럼에도 맡은 공사를 끝까지 마무리해야 할 의무가 있었기에 버텨야 했고, 결국 공사는 무사히 마무리되었다.

사업 초창기에 주저앉기 십상인 이런 상황을 겪으며 자신에게 "포기하면 안 된다. 이런 것도 해결 못 하면 사람도 아니다" 하면서 용기와 끈기로 돌파했다. 사업을 지켜내야 한다는 오기와 일념에서였다. 이렇듯 경영자와 리더는 어려울 때 더욱 진면목을 발휘해야 한다.

경영자와 리더는 외롭고도 어려운 자리이다. 그러나 회사의 성패와 직원들의 가정을 책임지고 있는 입장에서 스스로 나약해지거나 게을러져서는 절대로 안 되는 자리이기도 하다는 것을 기억하자.

회사의 영속성을 위한 3대 조건, 성장성 / 수익성 / 안정성

서울 강남 한복판에서 건설업을 하는 지인의 사무실을 방문한 나는 깜짝 놀랐다. 사무실이 굉장히 크고 호화스러웠을 뿐만 아니라 회장실 비서와 사장실 비서까지 따로 두고 있을 정도로 사업도 활발히 하고 있었다. 자체 사업도 여러 군데 진행하고 있었다. 사실 부럽기도 하고 조금은 기가 죽을 정도였다. 나와 비슷한 시기에 사업을 시작했는데 그가 훨씬 잘나가고 있는 듯했기 때문이다. 그 뒤로 사이가 소원하여 2년 넘게 연락을 주고받지 않았는데, 그 사이에 회사가 부도나고 개인 재산까지 압류당할 정도로 사업이 크게 망했다는 이야기를 전해 들었다.

또 다른 지인은 중국에 IT전자부품 공장을 세우면서 중국 시장에 진출했다. 그 당시 중국은 외국 투자 유치에 혈안이 되어 있었다. 공장 준공식 때는 지방 당서기까지 와서 축하해 줄 정도였다. 공장 부지를 헐값에 사용토록 하며 각종 지원도 해주었다. 어떤 달은 전기료가 너무 많이 나와서 시청 담당자한테 전화했더니, 청사로 오라던 담당자는 그 자리에서 고지서를 찢어버리고 수기로 금액을 적은 고지서로 바꿔주더란다. 이럴 정도로 외국 투자에 편의를 봐주던 중국은 외국 투자와 기술 확보가 이루어진 몇 년 후부터는 각종 지원책을 끊어버리고 또 인건비에 각종 사회보험료까지 올렸다. 중국에서 사업을 지속하기 어려워진 지인은 결국 야반도주하다시피 사업을 접고 나올 수밖에 없었다.

사업은 일으키긴 힘들어도 무너지는 데는 긴 시간이 필요하지 않다. 내가 아무리 잘하려고 노력해도 내 의지를 배반할 때가 많다. 이렇듯 사업이란 참 매정하고 무서운 것이다.

장미 아닌 가시덤불이 우거진 사업의 길

사업이란 이처럼 부침이 심하고 사업 실패에 따른 손실과 개인적 고통은 사업을 해보지 않은 사람은 상상을 할 수 없을 정도로 처참하다. 그러니 사업을 하려면 제대로 해야지, 흉내 내듯 해서는 절대로 안 될 일이다. 5년 동안 사업을 잘하다가 6년째에 한 번 잘못하면 그것으로 끝나는 게 사업이다. 평생 동안 할 사업이라면 조금 빨리 시작한다고 해서 무슨 소용이 있고 몇 년 잘나간다고 해서 무슨 소용이 있겠는가? 최후의 승리자가 진정한 승리자인 것이다. 인생도 말년이 좋아야 편안하고 아름다운 것처럼 사업도 마찬가지이다.

그런 점에서 리더의 역할이 중요하다. 리더는 자기의 담당 업무뿐만 아니라 회사 전체의 시각에서 회사 전반 업무에 대해서도 항상 생각을 해야 한다. 리더는 회사를 지키고 키워내야 할 의무가 있는 것이다. 나는 임원들에게도 "우리는 다 같은 이사다"라고 말하며, "다만 대표이사는 이사 중에서 대표일 뿐이다. 다 같은 이사이니 공동책임이 있다", "한 달씩 대표이사 역할을 교대하면 어떻겠는가?" 하고 임원의 역할을 강조한다. 그만큼 조직을 이끄는 수장은 잘나서 꼭대기에 있는 것이 아니라, 직원과 회사를 대표하여 어떻게 하면 일을 효율적이고 생산적으로 처리하며 성과를 낼 수 있는지, 그리고 문제가 있을 때 책임을 지는 역할을 하는 자리라는 것을 기억해야 한다.

나는 간부회의에서 간부들에게 '회사의 3대 과업'이라며 다음의 것을 자주 강조한다.

1. 회사가 목표대로 수익을 잘 내고 있는가?
2. 회사가 필요한 곳에 필요한 만큼만 지출하는 원가절감을 잘하고 있는가?
3. 회사의 위기는 어디에서 어느 정도로 오고 있는가?

우리 회사는 지금 이 세 가지가 어떠한가를, 이 세 가지 관점에서 회사가 어디쯤 가고 있는가를 늘 생각하며 업무에 임해야 한다고 강조한다. 자기 업무에만 매몰되어서는 안 되고 시야를 넓혀 회사 전체의 시각에서 회사를 점검해 보라고 강조한다.

그런 면에서 나는 회사의 중요한 3대지표인 '성장성', '수익성', '안정성'에 대하여 이야기하고자 한다. 여기서는 정밀한 재무적 지표의 의미보다는 회사 전체의 흐름을 수시로 점검하는 경영의 화두로서 이야기하고자 한다.

회사가 커가는 기쁨 _성장성

회사는 멈추거나 퇴보하면 안 되고 나날이 성장하는 게 제1의 목표이다. 그래서 매출액 자체를 놓고 봐서도 성장하고 있어야 하고, 전기 매출액에 비해 당기 매출액의 신장률도 높아야 한다. 은행의 대출 등 각종 심사에서도 매출액 등 규모의 확대를 먼저 본다.

지속적으로 매출을 높이기 위해서는 기술개발 및 조직설계, 시스템 정비에도 아낌없이 투자해야 한다. 기술 개발 역량 강화를 위해 시장 흐름이나 경쟁 회사의 상황이나 산업계의 변화 등 외부 변화에 대응하는 전략을 세우고, 회사가 지속적으로 성장할 수 있도록 토대를 만드는 것이 중요하다. 또한 홍보와 마케팅 등의 영업에 대한 인재 확보를 통해 내부 역량을 강화하는 것은 꾸준히 신경 써야 할 부분이다. 특히 직원들의 사기 진작과 능력 개발에 힘을 쏟음으로써 애써 키운 인재가 외부로 나가지 않도록 신경 쓰는 것도 회사가 해야 할 중요한 역할 중 하나다.

회사가 성장하기 위해서 지속적인 노력을 해야 하는 것은 당연한 일이다. 그렇다고 성장만을 위해서 감당할 수 없는 과욕으로 무리하게 사업을 확장하는 것은 조심해야 한다. 전략상 손실을 감수할 수도 있겠지만 덤핑이나 출혈 경쟁은 신중을 기해야 한다. 사업은 투기가 아니고 투자 마인드로 해야 한다. 한 방을 원하다가 한 방에 가는 불행을 초래

해서는 안 된다.

내실을 다지는 단단함 _수익성

회사는 궁극적으로 이익을 내고, 이 이익을 바탕으로 회사를 운영한다. 그러므로 수익성은 회사를 운영하는 데 가장 중요한 항목 중 하나다.

그렇다면 수익성은 어떻게 따질 수 있을까?

매출액에 비해 영업이익이 얼마인지, 혹은 투자한 자기 자본에 비해 얼마의 순이익이 생겼는지를 비교해 보는 것이다. 순이익이 손에 남는 돈이다. 그러므로 매출이 많다 하더라고 수익성이 떨어지면 남는 것이 없고 고생만 실컷 하는 꼴이 되고 만다.

사업에서 앞으로 남고 뒤로 밑졌다는 이야기를 많이 들어보았을 것이다. 수익만이 결국은 회사의 남는 돈이고 이 돈으로 회사를 운영하게 되는 것이므로 꼼꼼히 따져보아야 한다.

일우공영 드림랜드에서 현장관리 담당이사로 발령받고서 회사의 이익률을 살펴보고 깜짝 놀랐다. 관급 공사 매출액에 비해서 회사에 남는 이익금이 별로 없어서였다. 그 원인을 따져보니 다른 회사에 비해서 우리 회사가 5~10% 정도 실행이 높았다. 실행을 높게 책정해 현장으로 보내주니 현장에서는 방만하게 돈을 썼고, 자연스럽게 회사의 이익은 적을 수밖에 없었다.

그래서 나는 건축부나 토목부에서 만들던 실행 예산 편성을 현장관리부의 공무 파트로 가져와 만들도록 하면서 실행 예산 작성의 기준이 되는 표준 실행 예산 편성지침부터 만들었다. 그동안 방만한 예산으로 현장 경비를 넉넉히 사용하고 하도업체 견적 심사도 제대로 살피지 않고 높은 금액으로 계약을 체결해 주는 경향이 있었던 것이다.

그래서 우리 회사보다 큰 회사, 같은 회사, 작은 회사의 실행 현황을 비교 검토하여 표준 실행에 의거하여 각 현장마다 5~10%의 실행을 절감하도록 지도했다. 그렇게 실행 예산을 줄여놓으니 기술부서와 현장에서는 당연히 반발이 컸다. 그럼에도 회사의 이익을 위해 악역을 감수하면서까지 고쳐나갔다. 그 결과 실행금액을 줄인 만큼 회사의 이익을 가져올 수 있었다.

나는 회사의 직원들에게 강조한다.

"간부는 공적인 업무를 하면서 인기를 얻으려 하지 마라. 우리는 연예인이 아니다. 회사의 목표를 달성하기 위해서는 때로는 악역을 감수할 줄 알아야 한다. 경영자나 상사의 뒤에 숨어서 자기는 봐주고 싶은데 위에서 안 된다고 빠져나가는 사람은 훌륭한 리더가 될 자격이 없다"고 힘주어 말한다. 또 "검소하고 실속 있게 회사를 운영하자", "허세 부리지 말자"고 독려하고 이를 실천한다.

이러한 가치는 내가 운영하는 회사에서도 여실히 드러난다. 회사를 방문하는 사람들은 우리 회사의 검소한 사무실을 보고 놀랄 정도다. 그래서 민간 공사도 수익성이 나오는 공사 단가와 공사비 수금에 지장이 없는 것들만 하는 편이다. 계약을 지키지 않거나 억지를 절대 부리지 않는다. 나의 철학은 공사가 끝난 다음에 웃을 수 있어야 한다는 것이다. 자체 사업도 감당할 수 있을 정도로만 하고 있다. 그래서 아직까지 외환위기 때나 금융위기 때도 직원들의 월급을 한 번도 밀린 적 없이 지나왔다.

생존을 지키는 힘 _안정성

사업을 하다 보면 예기치 못한 내부 상황이나 외부 상황으로 언제라도 어려움에 직면할 수 있다. 그 어려움이 클 때는 회사에 위기가 닥쳐온다. 그래서 산업계의 정책이나 변화에 신경을 써야 하고, 시장의 흐름과 소비자나 고객의 트렌드에도 잘 맞추어나가야 한다. 시장이 요구하는 제품이나 기술개발이 이루어져야 함은 물론, 신제품을 출시할 경우 적절한 시기도 간파할 수 있어야 한다. 이에 대한 경쟁업체의 정보와 대응에도 소홀히 해서는 안 된다.

그러나 이렇게 대비를 하더라도 위기는 반드시 존재한다. 외부보다는 내부에서 오기 십상이다. 특히 내부에서 오는 위기는 외부 위기에 비해 서서히 오는 것이기에 놓치기 쉽다.

그렇다면 내부의 위기는 언제 발생하는가? 작은 일에 신경을 쓰지 않고 간과해 버리거나, 자격 없는 사람한테 회사를 믿고 맡겨버렸을 때, 적절히 대처할 시기를 놓쳤을 때 발생한다. 그러므로 이러한 위기를 간과하지 않기 위해서는 시스템에 의한 업무 처리방법을 갖춰야 한다.

금전적인 위기 역시 생기지 않도록 미리 대비해야 한다. 유동자금이나 외상, 부실채권으로 인한 현금 부족에 직면하지 않도록 하고, 적자부도보다 더 놓치기 쉬운 흑자 부도가 생기지 않도록 조심한다. 회사가 잘나간다고 해서 성급하게 투자를 하거나 과욕을 부리는 것도 마찬가지이다. 또한 동종 업계를 지나치게 의식하여 덤핑이나 출혈경쟁도 함부로 해서는 안 된다. 불명예스러운 일에 말려들지 않도록 주의를 기울이는 것도 중요하다. 사기나 보증 등의 일로 골머리를 앓을 경우 개인사에도 악영향을 미치지만, 그것이 회사까지 영향을 주어 휘청거리게 만들기도 한다.

회사의 사업구조나 제품의 시장점유율, 인재확보, 기술개발, 특허권 보호, 노동조합의 관리, 시장의 변화 등 회사의 손익에 막대한 영향을 미치는 이슈들을 항상 예의주시해야 한다.

마지막으로, 화재나 산재나 안전사고 등 재난에도 정기적으로 특별 관리를 해야 한다. 순간의 방심으로 발생하는 사고는 재산상 큰 손해를 끼치기도 하지만, 인재의 경우 돈으로도 해결할 수 없는 큰 손실을 남긴다는 것을 기억하라.

회사는 소속된 전 직원이 함께 살아가는 영속적인 조직이다. 회사가 존속되고 커지기 위해서는 '성장성', '수익성', '안정성'이 담보되어야 한다. 이 세 가지를 이루어내기 위해서는 주기적으로 점검하는 시스템을 갖추는 것이 좋다. 회사에 중대한 위기 항목에 대한 위기 체크리스트를 만들어놓고 책임자 지정과 대응훈련을 해야 하는 이유다. 반복하여 말하지만 회사를 일으키기는 어렵지만 무너지는 것은 한순간이다. 나의 치명적인 한 번의 실수가 바로 부도로 이어질 수 있다는 것을 염두에 두고 언급한 세 가지를 유지할 수 있도록 노력해야 한다.

스스로 질문하라
Yes-No 이론

미국항공우주국(NASA)에서는 달이나 화성 등의 태양계 행성을 탐사하기 위해 우주선을 발사한다. 그런데 이 우주선이 궤도를 이탈하지 않고 똑바로 길을 찾아가면 좋으련만, 사실은 그렇지 못하다. 과학자들의 많은 노력과 계산에 의해 끊임없이 올바른 궤도로 찾아갈 수 있도록 유도해 주어야 한다.

우리나라 양궁은 올림픽 경기에서 금메달을 따는 데 수훈을 세운다. 그러나 누구나 양궁을 발사한다고 과녁 10점짜리 중앙에 맞힐 수 있는 건 아니다. 양궁 자체나 화살도 문제없어야 하고 바람의 방향과 풍속도 고려해야 한다. 관중의 소음과 흔들리는 불안한 마음까지 생각하며 과녁에 맞혀야 한다. 그러므로 선수는 출발선에 서는 순간부터 스스로 묻고 생각하고 다짐할 것이다.

'이렇게 하면 10점 과녁에 맞힐 수 있을까? 바람의 방향과 세기가 적절한가?'

이렇듯 어떠한 상황에서도 흔들림 없이 화살을 중앙에 꽂을 수 있는 건, 반복된 연습과 피나는 노력이 있어야만 가능한 것이다.

우리는 날마다 회사의 업무를 수행하면서 목표와 방향을 세운다. 그리고 이를 달성하기 위한 계획을 만들고 실행하여 성과를 내려 한다. 높은 성과를 원한다면 업무의 목표는 구체적이고 명확해야 한다. 업무가 복잡할수록 단순화하고 수치화하고 계량화한다. 특히 중요한 업무일수록 단순화 과정을 거쳐야 한다. 이 과정을 통해서 업무가 보다 또렷해져 방향을 잃거나 헤매지 않고 목표한 바를 이룰 수 있다.

이때 도움이 되는 것이 바로 스스로에게 던져보는 질문이다. 직원들은 '내가 하는 일의 성과가 만족스러운가?', '자기의 일하는 방식이 효율적인가?'를 언제나 생각해 봐야 한다.

회사의 경영자나 리더는 회사의 업무와 관련된 영업, 기술개발, 마케팅뿐만 아니라 리더십이나 회사의 문화 등 모든 업무 내용에 대해서 스스로 질문해 봐야 한다.

"목표를 달성하고 있는가?"

"내 일의 성과는 만족스러운가?"

"내 일의 방식은? 통솔은? 보고는? 실행력은? 역할은? 평판은? 과업 설정은? 책임감은? 그래서 잘하고 있는가?"

"내 부서 목표에 대한 성과는 만족스러운가?"

"우리 회사의 성과는 만족스러운가?"

이렇게 자문할 때는 객관적인 평가가 어려울 수 있으므로 최대한 냉정하고 객관적인 대답을 해보도록 한다.

만족스러운 'Yes'가 나오면 어떻게 해야 할까?

위 항목들에 대하여 스스로 물어보아서 목표를 달성한 뒤 객관적인 평가에서도 만족스러운 'Yes'라는 답을 내릴 수 있다면 스스로에게 보상을 주는 것이 마땅하다. 멋진 곳에서 즐기는 휴가나 자기 자신에게 주는 선물처럼 말이다.

회사의 경영자나 리더는 'Yes'라는 대답이 나오도록 일을 해야 한다. 회사 일을 놀듯이 슬슬 하면서도 성과를 낸 사람이 최고의 능력자다. 땀 흘리며 열심히 일을 해서 성과를 낸다면 그런대로 훌륭하다. 열심히 땀 흘리며 일을 하는데도 성과를 내지 못한 사람은 회사에 보탬이 되지 않아 곤란하다.

일단 자기 업무에 대해 만족스러워 'Yes'라고 생각했으면 다음에도 지금껏 했던 것처럼 그대로 하면 된다. 물론 더 좋은 방법으로 더 많은 성과를 낸다면 말할 것도 없이 좋은 일이다.

불만족스러운 'No'가 나온다면 어떻게 해야 하나?

그렇다면 목표를 달성하지 못해서 만족스럽지 못한 사람은 어떻게 해야 할까?

일단 변명하지 마라. 자기 잘못은 축소하거나 말하지 않으면서 "회사가 지원을 안 해주어서", "시간이 없어서", "주위에서 협조를 안 해줘서" 등 매사 온갖 이유와 변명을 끌어오는 사람이 있다. 그런 행동을 하는 사람은 소인배이다. 자신의 능력이 부족하다는 말을 에둘러 표현하는 것과 마찬가지이다.

만약 업무를 수행하는 과정에서 잘못이나 실수가 있다면 깨끗하게 인정하는 것이 옳다. 상부에 "잘못했습니다", "죄송합니다", "다음에는 제대로 하겠습니다"라고 인정하며 시인하는 것이 먼저다. 그런 다음에 왜 그랬는지를 성찰해 보는 것이다. 이때 자신의 업무를 냉철히 분석해 보고 교훈을 찾아내야 한다. 성찰해 보지 않고 대수롭지 않게 넘겨버리거나 대충 들여다보고 덮어버리면 실수를 반복하기 마련이다.

만약 기대했던 성과나 목표에 미치지 못해 만족스럽지 못해서 'No'라는 답변이 나왔다면, 이전의 방법을 그대로 따르기보다 방법을 바꾸어 다시 시도해 본다. 불만족스러웠던 'No' 방식으로 또다시 반복해서는 절대로 안 된다. 무조건 바꾸어서 다른 방법으로 해야 한다.

시간이 부족해서 목표를 달성하지 못했다면 시간을 늘려서 시도하고, 시도했던 횟수가 부족해서였다면 횟수를 늘려야 한다. 계획이나 방법이 잘못되었던 거라면 망설이지 말고 새로운 성과를 낼 수 있는 계획이나 방법으로 바꾸어 도전한다.

예를 들어 도로가 정체되어 꼭 지켜야 할 약속 시간을 못 지킬 것 같으면 일단 지금 길은 포기해야 한다. 그리고 무조건 확률이 높은 다른 도로로 방향을 틀어야 한다. 그렇게 선택한 길이 뻥 뚫려 있으면 얼마나 다행스럽고 만족스러운 일인가.

설사 바꾼 길로 접어들었는데 이전의 길보다 더 교통체증이 심하다면 어쩔 수 없는 일이다. 재수 없는 날이구나 하고 그냥 넘겨버려야 한다. 이전의 길이나 새로운 길이나 교통이 막혀 약속을 지키지 못하는 것은 마찬가지이지만 노력이라도 해봤으니 후회가 없을 것 아닌가. 이 길이나 저 길이나 불만족스러운 'No'이기는 마찬가지이기 때문이다.

나는 현장의 공정률을 관리할 때도 공정률이 2% 지연되면 경고 표시로 옐로카드를 보내서 주의를 주었다. 그리고 3%가 지연되면 레드카드로 특별 관리를 시작했다. 당초 목표를 달성하기 위한 특별 만회책을 수립하도록 하고, 목표를 달성할 때까지 추적 관리한다. 불만족스러운 'No'이니 하던 대로 하지 말고 다른 방법으로 바꾸라는 지시인 것이다.

이처럼 'No'가 나왔을 때는 범인을 잡는 형사의 마음으로 원인이 무엇인지 추적 관찰해야 한다. 형사가 범인을 잡기 위해 사무실에 앉아서 생각하지 않고 사고현장으로 가서 생각하고, 탐문수사하면서 범위를 좁혀 결국 범인을 잡아내는 것처럼 말이다. 문제가 발생하면 바로 그 현장으로 가서 무엇이 문제인지 살펴보고 해결하는 것이 옳다. '우문현답(우리들의 문제는 현장에 답이 있다)'이란 말도 있지 않는가.

이왕 방법을 바꾸어야 할 때는 과감하고 혁신적인 발상의 전환을 꾀하자. 지금의 자동차 타이어가 나오기까지, 나무로 된 바퀴에서 쇠로 된 바퀴로, 또 고무로 된 바퀴에서 공기 타이어로 변화가 이루어지면서 발상의 전환에 의한 혁신이 이루어졌다는 것을 기억하자. 획기적인 발상의 전환을 시도할 경우 의외의 성과를 올릴 수도 있다.

자신의 업무든 회사 업무든 "목표를 달성하였는가?"에 대한 질문에 스스로 답해보자. 그리고 달성하여 만족스럽다면(Yes) 다음번에 비슷한 업무가 주어졌을 때 비슷한 방법을 사용하면 된다. 이미 검증된 방법이기 때문이다. 그러나 달성을 하지 못하여 불만족스럽다면(No) 다음에는 같은 방법을 시도하기보다는 다른 방법을 찾아 도전해 본다. 이전과 같은 방식이 반복될 경우 실패를 맛볼 확률이 높기 때문이다. 만약 방법을 바꾼다면 획기적으로 발상을 전환해 만족스러운 성과를 낼 수 있도록 해보자.

인문학적
사고를 기르자

20~30년 전에는 세계적인 산업화와 기술개발에 발맞추어 국가나 일반 기업체에서 전문 기술적 소양을 갖춘 공학 전공자를 우대했다. 그들은 어떤 일에 분석적·체계적·과학적 사고로 접근하고 생각하며 해결하기 때문이었다. 그런데 지금은 협력과 공감, 인간관계와 창의성 등 인간의 정서적 관점에서 조직을 이끌 필요가 있다. 그러기에 인문학적 창의성과 사고를 요구하게 된다.

현장에서도 하도업체를 관리하고 어떤 기술적 해결점을 찾으려 할 때 기술직과 관리직의 시각이 다른 경우가 많다. 그래서 이럴 때는 현장 전체 직원의 의견을 물어보는데, 대체로 관리직 직원이 창의력과 응용력과 주변 상황과의 고려 등을 더 깊이 생각하는 경우가 많다.

인문학적 사고를 키우는 첫 번째 방법, 독서

나는 인문학적 창의력과 상상력을 키우기 위해 직원들에게 역사·문학·철학·전쟁사와 관련된 도서나 이를 현대 경영에 접목한 해설서 같은 인문서를 많이 읽도록 권한다. 특히 『삼국지』, 『초한지』, 『대망』 등의 책을 읽고 실생활에 응용해 보기를, 또한 이들을 현대 경영에 접목한 해설서도 많이 읽어보기를 권한다.

읽는 것을 넘어 직접 써보는 것도 좋다. 인문학적 상상력을 기르는 데는 시를 읽고 직접 써보는 것이 도움이 되는데, 짧은 시어가 함축하고 있는 것이 무엇인지 생각해 보고, 상상력을 통해 이면에 숨어 있는 세상을 찾아보려는 깊은 마음과 따뜻함을 느껴볼 수 있기 때문이다. 나 역시 시를 통해 세상을 아름답게 바라보는 시인의 마음을 배울 수 있었다. 경영자의 눈으로 세상을 바라보는 것과 시인의 눈으로 바라보는 세상은 완전히 다르다. 그래서 직원회의 때 시인의 마음을 이해하자고 하면서 가끔 시를 낭독해 준다. 개인적으로 종합문예지 '국제문예'를 통해서 시인으로 등단했으며, 시집으로 『마음이 머무는 자리』를 발간했다.

인문학적 사고를 키우는 두 번째 방법, 여행

여행은 실제로 경험하지 못하고 느껴보지 못한 것들에 대해 많은 식견과 상상력을 가져다준다. 여행은 부지런한 사람이 잘 다닌다. 흔히 여행할 시간이 없다고 하는데, 그건 시간이 없어서가 아니라 시간을 쪼개고 활용하는 방법을 알지 못해서다. 그래서 나는 직원들에게도 시간을 쪼개어 가능하면 국내여행이든 해외여행이든 여행을 많이 다니라고 한다.

여행을 통해서 새로운 것들을 접하고 느끼고 또 호기심으로 상상을 해보면서 넓은 세상의 모습을 그려보는 것은 중요하다. 이런 식견을 넓혀주는 여행은 사람의 마음을 한층 더 풍성하게 만들어준다.

사업하랴, 정치하랴, 시민운동하랴 다른 사람에 비해서 훨씬 바빠 살아왔지만 그래도 시간을 내고 활용하여 여행을 많이 다녔다. 5대양 6대주의 세계 전체를 일주했으니 참으로 여행을 많이 다닌 것이다. 이제는 가까운 곳으로 다니거나, 어느 한 나라 혹은 한 지방을 중심으로 휴양 위주로 다니고 있다. 여행을 갈 때면 나는 주로 아내와 함께 다닌다. 내가 여러 가지 일을 하다 보니 아내와 함께 회사를 운영하고 있는데, 여행을 가자고 하면 아내는 회사 일을 걱정하는지 늘 망설인다.

그러나 건설회사 업무와 자산운용 업무에 개인 일정까지 고려하면 언제 마음 편히 장기 여행할 시간이 있겠는가. 시간을 쪼개고 일하는 방법을 달리한다면 여행할 기회는 충분히 만들어낼 수 있는 것이다. 여행 기간 동안 일어날 일을 미리 부지런히 해놓고 또 갔다 온 후에는 며칠간 더 바삐 움직이면 된다. 돌이켜 보면 여행 때문에 크게 일이 어긋난 경우는 별로 없는 것 같은데, 사람들은 지레 걱정을 너무 많이 해 여행을 못 가는 경향이 있다.

나는 일단 여행 날짜와 기간, 지역을 선정하는 것 외에는 여행에 대해서 별 관여를 하지 않는다. 여행을 준비하는 과정부터 또 준비하는 그때부터 아내는 기분 좋은 여행이 시작된 것과 마찬가지이니 나도 좋고 아내도 좋은 일이다. 나는 여행에 돈만 대고 몸만 따라가게 되니 아내와 함께 여행을 하면 편해서 좋다.

나는 여행할 때는 가이드를 부지런히 따라다니며 보고 듣고 맛보는 데 열중한다. 그 지역의 역사와 문화와 생활상에 대해서 열심히 배우고 비교해 보면서 동영상을 찍는다. 찍을 땐 몰라도 시간이 한참 흐른 뒤에 재생해 보면 그때의 기억과 감정이 새록새록 떠올라 두 번 여행하는 기분이 들곤 한다.

낯선 나라를 여행한다는 건 우리나라에서 접해보지 못한 새로움을 배우는 것이다. 최대한 음식도 현지의 음식 위주로 맛보고 체험해 본다. 우리나라 음식보다 입에 더 맞을 리 없지만 일부러 두려움 없이 체험해 보고, 맛이 이상하면 이상한 대로 경험해 보는 것이다. 상상을 넓히고 새로운 세상을 경험해 보고 우리 것과 비교해 보면 경험과 식견이 넓어지기 때문이다.

이렇게 5대양 6대주 세계여행을 하였으니 생각하면 머나먼 여정이었다. 이제껏 찍은 영상물을 4시간, 2시간, 1시간짜리로 만들 예정이고 사진첩도 만들 계획이다. 때때로 집에 만들어놓은 세계일주 기념 1~4관을 보면서 그때의 감성을 느껴보는 것도 꽤 보람 있는 일이다.

인문학적 사고를 키우는 세 번째 방법, 좌우명 만들기

나는 직원들한테 자기의 좌우명이 무어냐고 가끔 물어본다. 그런데 좌우명이 있긴 있는데 확고하지 않아서 왔다 갔다 하는 경우를 많이 봤다. 한번쯤 인문학의 정신으로 자기의 가치관과 인생 지침이 되는 좌우명을 만들어보길 권한다.

나는 5개의 좌우명을 가지고 있다.

하나는 '천하인의 자세를 갖자'이다.
바른 생각, 바른 행동, 바른 신념, 바른 위치, 바른 중심에 서자는 것이다.

둘은 '대담세심하자'이다.
큰 판으로 생각하고 행동하되 빈틈없고 치밀해야 한다.

셋은 '진인사대천명'이다.
진이 빠지도록 후회 없이 최선을 다한 후에는 그 결과를 하늘에 맡기고 받아들인다.

넷은 '최선으로 나가고 차선을 대비한다'이다.
가장 좋은 방법으로 하되 만일을 대비해 다음 수를 언제나 준비해 둔다.

다섯은 '최고와 최저를 동시에 만족시킨다'이다.
가장 좋은 결과와 가장 나쁜 결과를 동시에 고려하되 가장 나쁜 결과까지 만족시킬 방도가 섰을 때 행동한다.

자기의 가치관과 행동준칙에 맞는 좌우명을 만들어놓는 것이 좋다. 만약 중요한 일을 앞두고 망설여질 때는 좌우명을 생각하면서 임한다면 마음이 흔들리지 않고 쉽게 결정할 수 있다.

인문학을 통해서 다른 관점에서의 식견과 통찰력을 가져보기를 직원들한테 권유한다. 그래서 고전·역사·문학·전쟁사·병법서에 관한 책을 많이 읽기를, 특히 『삼국지』, 『초한지』, 『대망』 등의 책을 읽고 실생활에 응용해 보기를, 또한 이들을 현대경영에 접목한 해설서도 읽어보기를 권한다.

사색하는 여행도 많이 해야 한다. 여행은 시간이 남아서 가는 것이 아니라 부지런해야 가는 것이다.

행동의 가치관과 지침이 되는 좌우명도 가져보기를 권한다.

후계자 선정은
회사의 미래

경영자는 후계자를 육성하는 것도 중요한 일 중의 하나다. 그동안 경영자가 쌓아온 업적이 후계자의 역량에 따라서 회사를 더욱 성장 발전시킬 수도 있고, 잘못하여 한순간에 회사를 수렁에 빠뜨릴 수도 있기 때문이다.

창업의 어려움이야 말할 필요도 없지만 수성이란 것도 오랫동안 어렵사리 쌓아온 창업의 과실을 온전히 지켜내고 키워내는 것이기에 창업 못지않게 어렵다. 그래서 경영자에게는 미리미리 후계자를 지정하고 양성해야 하는 업무야말로 중요한 업무다.

제너럴 일렉트릭(GE)의 전 CEO 잭 웰치는 오랫동안 후계자를 복수로 선택하고 체계적이고 엄격한 양성 과정을 거치면서 최후에 살아남은 사람을 후계자로 지정했다.

나와 경실련을 함께했던 어느 중견 기업의 2세는 미국에서 박사학위를 받아왔지만 다른 회사에서 충분한 식견과 경험을 쌓고 있다가 회사에서 들어오라고 해서야 입사했다.

대체적으로 후계자를 오너의 자식으로 하는 게 좋으냐? 혹은 전문경영인으로 하는 게 좋으냐?에 대해서는 여러 말이 있고, 각각의 장단점도 있다.

자기 자식이 원하는 전문직이나 특수직에 종사하든지 아니면 회사에 들어와서 일하기를 원하지 않을 경우를 제외하고는, 자기 자식을 후계자로 예상하는 경우가 많다. 그래서 전문경영인 못지않게 충분한 교육을 시키고 회사 내에서든 밖에서든 경험을 쌓도록 해보는 것이다. 그리고 전문경영인 못지않은 능력 있는 경영인이라고 인정된다면, 설사 조금은 능력이 떨어진다 하더라도 주위에서 도와주면 괜찮겠다 싶을 때 신뢰성과 영속성 때문에 후계자로 결정하는 경향이 있다.

자식이 경영에 참여하기를 원치 않거나 자질이 떨어져 도저히 담당할 수가 없다고 판단하면, 회사를 정리하거나 전문경영인 체제로 가게 될 것이다. 무엇보다도 자기 생명과도 같은 회사를 잘 지켜내느냐가 제일 중요한 일이기 때문이다.

회사의 미래를 책임질 후계자는 어떤 자질을 갖추어야 할까?

이처럼 영속적으로 회사를 유지 존속시키는 일은 굉장히 중요한 일이다. 그러면 후계자로서 갖추어야 할 덕목은 무엇일까?

첫째, 회사를 지키고 성장시키겠다는 사업에 대한 목표와 강인한 정신력, 투지가 있어야 한다.

이런 마음자세가 있어야 어떤 난관도 책임지고 헤쳐나갈 수 있으며, 최선을 다해 회사를 키워낼 것이다. 회사는 권위를 누리고, 폼을 잡고, 부담 없이 돈을 쓰는 곳이 아니라 무한한 열정과 책임감을 가져야 하는 곳이다.

둘째, 조직과 사람을 이끌고 통합시킬 수 있는 리더십을 가지고 있어야 한다.

무엇보다 목표와 방향을 제시하는 비전과 향후의 회사를 확대 재편할 수 있는 통찰력, 미래 예측력이 필요하며, 언제라도 생길 수 있는 위기의 예방과 관리 능력 및 문제 해결 능력이 특별히 요구된다.

셋째, 회사가 돌아가는 큰 흐름과 핵심을 잡아낼 수 있는 능력을 갖추어야 한다.

후계자로서 집념, 성실, 책임감, 솔선수범, 결단력, 통합능력, 조직 장악력, 추진력, 분석력, 충분한 인적 네트워크, 대외 업무 능력 등 사업가로서의 기본 능력은 말할 것도 없지만 큰 것을 볼 줄 알아야 한다. 크게 보고 크게 생각하고 크게 행동하고 멀리 볼 줄 알아야 한다.

또한 한번 후계자가 되었다고 계속 후계자 자리를 유지할 수 있을 거란 생각은 버려야 한다. 평생에 걸쳐 많은 고난 속에 이루어놓은 회사가 잘못될 경우에 뒷전에서 가만히 보고만 있을 창업자는 세상에 없다. 그러므로 후계자는 창업만큼 수성도 어렵고 중요하다는 것을 잠시라도 잊어서는 안 되고 끊임없는 믿음과 성과를 만들어내야 한다.

일전에 중견 회사의 2세를 만났는데, 2년간 부친의 회사에서 일을 하고 있었다. 어느 부잣집 2세처럼 멋들어지고 여유 있는 모습이었다. 그래서 부친과 사이가 어떠냐고 물어봤더니 별 신경을 쓰고 있지 않는단다. 그래서 내가 몇 가지 조언을 해주었다.

가장 먼저, 부친과 코드를 잘 맞춰라.

그 회사에 대해 제일 잘 알고 있고 회사에 애착이 제일 많은 데다 평생을 통해 일구어온 회사를 가장 지키고 싶은 사람이 누구겠는가? 부친의 경영 목표와 생각에 잘 맞춰야 한다. 회사를 지켜낼 자질이 부족하거나 사사건건 부친과 충돌하거나 비협조적일 때는 후계자가 되기 어렵고 또 그 자리에서 교체될 수 있다.

그다음으로, 실력을 인정받는 실적을 만들어야 한다.

작은 실적을 자꾸 내면 신뢰가 쌓인다. 처음부터 큰 실적을 내려고 하지 마라. 실패하면 자질을 의심받을 수 있다.

그렇게 실력을 인정받은 다음에야 비로소 성공 가능한 자기 구상과 자기 요구를 할 수 있다. 회사 오너는 자기가 없어도 회사를 지키고 키워낼 수 있겠다는 확신이 설 때 밀어주고 맡겨주는 것이다.

특출한 능력을 가지고 오직 자기 힘으로 사업을 일구어낼 수 있을지는 모르겠으나 사실 그렇게 하기는 쉽지 않다. 오히려 오기 부리다 낭패를 보는 경우를 많이 보았다. 정말 능력 있고 현명한 사람이라면 이미 여건이 갖추어진 상황에서 자기의 능력을 발휘하는 것이 훨씬 쉬운 일임을 알 것이다.

회사를 지켜내고 키워줄 후계자를 선정하는 것은 10년 20년 후를 생각하면 굉장히 중요한 일이다. 그러므로 충분한 시간과 과정을 거쳐서 분란이 생기지 않을, 공정하고 객관적인 방법으로 선정해야 할 것이다. 후계자를 선정하고 가르치는 것은 창업 못지않은 어렵고도 중요한 일임을 알아야 한다.

PART 4

소통과 협업을 잘하고 있는가?

팀워크, 인간관계, 협상

상급자의 마음을 읽으면
결재받기가 쉬워진다

회사의 업무는 다른 사람과 끊임없이 협의를 통해 이루어진다. 이런 협의의 수단은 주로 서류 결재나 구두 보고 혹은 회의를 통해서 추진되는데, 통상적으로 업무 전결 규정에 의거하여 직접 결재와 위임 전결 결재, 사전 결재와 사후 결재, 서류 결재와 구두 결재 등 여러 가지로 분류할 수 있다.

내가 직장 생활을 할 무렵이었다. 당시 나이가 꽤 많은 어느 부서장이 회장실에 결재를 받으러 가는 것을 유난히 곤욕스러워했다. 그날도 회장실에 다녀온 그는 연신 땀을 훔치며 어려움을 토로했다.

"결재받기가 왜 이렇게 힘든 거야? 알고 있는 내용인데도 회장님 앞에만 서면 아무 생각도 나질 않아. 제대로 설명도 못하고 깨지기만 하니 힘들어 죽겠네!"

그 부장은 법 없이도 살 정도로 착하고 좋은 사람이었지만 상부의 질책이 반복되자, '일을 잘 못하는 건가?' 하는 의문이 들었다.

나 역시 입사 초창기에 대단히 깐깐한 회장님께 결재를 받으러 갔다가 주제와 직접 관련이 없는 예상 밖의 질문에 속 시원히 답변하지 못해 야단맞은 경험이 있다.

그 일이 있은 뒤 나는 심각하게 고민했다. "왜 저런 질문이 나오는 걸까?", "왜 예상 질문을 미리 생각 못 했을까?", "내가 설명을 잘 못했나?" 등의 질문을 스스로에게 하면서 자책했다. 그러나 나의 부족한 행동에 대해 반성하고 분석하면서, 회장이 좋아하는 용어나 표현법뿐만 아니라 연관된 내용까지 완벽하게 준비하기로 결심했다. 결국 나중에는 토씨 하나 고치지 않는 결재를 받아낼 수 있었다.

업무를 하다 보면 상사로부터 결재를 쉽게 받아오는 직원이 있는가 하면 결재를 받아오지 못하는 직원이 있다. 호된 지적에 기분이 상하거나 의기소침해져서 결재를 받을 때마다 두려워하는 사람도 있다. 물론 처음부터 잘하는 사람은 없다. 그러나 앞선 예처럼 자신의 부족함을 알고 있음에도 고치려 하지 않는 것은 문제다. 만약 회장님 앞에서 긴장되어 결재받을 서류에 대한 설명을 제대로 하지 못한다면, 예상 질문과 내용을 정리해 준비해 가면 될 일이다. 노력하지 않는 것 역시 직원의 직무유기다.

여기서는 부하 직원이 상사에게 올리는 서류 결재를 어떻게 작성해야 하는지, 어떻게 하면 순조롭게 결재를 받을 수 있는지에 대해서 이야기하고자 한다.

상급자의 결재를 잘 받아내는 비결

상사에게 결재를 잘 받아내기 위해서는 기본적으로 결재의 내용이 좋아야 하지만 약간의 요령과 눈치가 필요하다. 그렇다면 어떻게 해야 결재를 쉽게 받을 수 있을까?

1. 형식 면에서

▶ 기안의 전체 길이가 짧아야 한다. 3~4페이지가 넘을 정도로 분량이 길어질 경우 겉면에 A4용지 반 페이지 내지는 한 페이지로 요약본을 별도로 붙이면 좋다. 경영자는 전체를 읽지 않고 요약본이나 특이사항을 물어보는 경우가 많기 때문이다.

▶ 중간 결재자는 필요하면 언제라도 자기 의견을 '포스트잇'에 써서 첨부함으로써 자기의 의견을 나타낸다.

▶ 형광펜을 사용하여 중요 부분을 색칠하여 눈에 잘 띄게 한다. 예를 들어 빨간색은 결론, 노란색은 근거, 초록색은 참고용 등으로 색칠하여 시각적으로 쉽게 볼 수 있도록 한다.

2. 상황 면에서

▶ 결재자의 상황이나 기분을 파악하여 결재받기 쉬운 상황일 때 결재를 받는다. 심기가 불편할 때, 퇴근이나 약속으로 외출하려 할 때, 허기져 있을 때, 바쁜 일에 매달려 있을 때, 회사 형편이 어려울 때 등의 상황에서는 결재를 받아내기가 쉽지 않기 때문이다.

▶ 회사의 형편이나 상황을 보면서 결재를 받으러 간다. 자금 부족 상황일 때나 분쟁이 있는 회사와 관련된 결재를 받으러 갔을 때 당연

히 좋아할 상사는 없다. 회사가 자금 사정이 좋지 않을 때 자금 지출을 요청하면 뻔히 나갈 돈인 줄 알지만 누군들 마음이 좋을 수 있겠는가. 그러므로 상황이나 형편이 좋아지거나 그럴 경우가 예상될 때 결재를 받으면 좋을 것이다. 어쩔 수 없이 빨리 결재를 받아야 하더라고 결재자의 마음이 편할 때 불가피한 상황을 조심스럽게 말하면서 결재를 올리는 요령이 필요하다.

3. 내용 면에서

기안의 내용을 아래에 언급한 방법으로 충실하게 작성해야 한다. 그러므로 작성된 기안의 양식이나 내용을 보면 그 사람의 능력치를 가늠할 수 있다. 허술한 내용의 기안은 퇴짜 놓을 수밖에 없다.

▶ 핵심 내용을 반드시 넣는다. 간단한 현황과 문제점 및 이에 대한 대책과 근거, 또 효과에 대해 기술한다. 내용 설명은 간단하게 하고, 결론부터 말하고 끝내야 한다. 처음부터 장황하게 설명하지 말고 부연 설명을 요청받으면 그때 이야기한다.

▶ 내용이 논리정연해야 한다. 결재자가 눈으로 빠르게 읽어 내려가면서도 저절로 이해될 수 있도록 말이다. 만약 무슨 말인지 모르게 전개가 끊어지거나 건너뛰면 안 된다. 사용하는 용어나 표현법은 결재자 입장에 맞추어 사용해야 하며, 공통용어가 아닌 자기만 아는 용어는 암호가 되므로 사용해서는 안 된다.

▶ 예상 질문을 미리 생각하고 답변까지 준비한다. 가장 좋은 것은 예상 질문이 나오지 않도록 기안을 작성하는 것이다. 기안 안에 작성

할 필요까지는 없으나 참고해야 할 만한 사항은 미리 준비해 두었다가 질문을 받는 즉시 간결하게 대답한다. 만약 예상 질문에 제대로 답변을 하지 못하면 담당자조차 내용을 숙지하지 못한 엉터리 기안이라 판단하게 될 것이다.

▶ 중요한 핵심어나 숫자는 꼭 외운다. 상급자가 수치에 대해 질문할 때마다 서류를 펼쳐보고 대답하는 것은 업무 파악도 못 한 것으로 비칠 수 있어 업무에 적합한 사람일지 실행력까지 의심받는다.

▶ 결재 전에 머릿속에 내용을 정리하고 또 내용에 자신감을 가진다. 준비 없이 결재를 받으러 가거나 상사가 부른다고 곧바로 가지 말고, 머릿속을 정리하고 서류를 점검한 후에 '이 정도면 됐다'고 자신감이 있을 때 결재를 받으러 가야 한다. 본인 스스로 자신감이 없으면 누가 믿고 결재를 해주겠는가? 부서의 일을 가장 잘 아는 사람은 부서장이다.

이처럼 결재를 잘 받아내기 위해서는 요령과 수완이 필요하다. 결재를 받기 쉬운 적절한 상황에 올려야 하고, 기안이 적절한 상황 형식 면에서나 내용 면에서 제대로 갖추어져 있어야 한다. 서류를 작성할 때는 자신이 결재권자라고 생각하면 완벽함을 기할 수 있다. 여기에 자신감까지 갖춘다면 결재를 받는 데 어려움이 없을 것이다.

결재 사인 하나에도
회사의 미래가 달려 있다

상급자가 결재란에 사인을 하는 것은 기안대로 업무를 수행하라는 뜻이다. 그것이 자금과 관련된 결재라면 지출을 허락하는 것이고, 어떤 이슈에 대한 문제 해결을 위한 결재라면 그 일의 성공과 실패에 따라 회사의 손익에 큰 영향을 줄 수 있다. 그러므로 모든 결재는 회사의 손익과 관련되어 있다고 생각하고, 결재자는 이에 대한 책임을 진다는 생각으로 신중하게 해야 한다.

한국의 결재 라인은 다소 합리적이지 않은 면이 있다. 첨단물리학 분야의 한 외국 과학자는 산학협력으로 한국의 결재라인을 간접적으로 겪어보고는 혀를 내두르며 이런 말을 했다.

"한국의 세계적 ○○전자회사가 연구협력을 하자고 찾아온 적이 있습니다. 그런데 과제 선정부터 연구비 지출까지 일일이 경영진의 결재를 받아야 하더군요. 너무나 관료적이고 위계적이라 놀랐습니다. 이 분야(과학)를 이해 못하는 사람들이 (연구에) 큰 영향력을 행사하는 것이 이해가 안 됩니다."

기술자가 비전문가의 의견을 왜 따라야 하는지 꼬집는 말이다.

현대그룹 창업주 정주영 회장은 결재를 할 때 연필로 사인을 하기도 했다. 나중에 자기가 결재한 내용대로 되지 않아 자기 입장이 곤란하거나 부하 직원의 책임을 물을 필요가 있을 경우에는 비서실에 시켜서 연필로 결재한 것을 지워버리도록 하기 위해서였단다. 결재에 따른 책임 때문이었을 것이다. 이를 방지하려고 해당 부서에서는 연필 결재 위에 테이프를 붙여놓았다는 재미있는 일화가 있다.

나는 가끔 중요한 결재는 기안 내용이 충분히 이해가 되는데도 불구하고 다른 대안을 찾아오게 하거나 목표 수치를 더 올리기 위해서 일부러 기안을 결재해 주지 않고 반려하는 방법을 쓰기도 한다. 결재를 받으러 오는 직원은 다소 난감할 수 있겠지만, 성과를 초과 달성할 수 있는 여지를 발견하여 회사의 이익이 발생할 수 있도록 독려하는 것도 결재권자의 몫이다. 이렇게 해서 어느 정도 소기의 목표를 달성할 때도 있다.

결재 시 주의해야 할 점들

이처럼 결재는 회사의 업무가 연속될 수 있도록 행위를 승인해 주는 것이기에 회사에 크고 작은 영향을 미칠 수 있고, 결재에 따른 책임도 따른다. 그럼 결재권자는 어떠한 자세로 결재를 해야 할까?

1. 결재 단계를 적절히 유지하기

회사의 규모가 작을 때는 별문제가 되지 않을 수 있으나 회사가 성장할수록 업무의 효율을 위해 결재 단계를 줄여야 한다. 그래서 구글은 팀제 결재를 운영하고 있다.

2. 사전 결재와 사후 결재 시

사전 결재를 원칙으로 하나 통상적인 결재나 불가피한 상황일 때는 빠른 시행을 위해 사후 결재도 허용한다.

3. 서류 결재와 구두 결재 시

중요 사항을 기록하거나 보관해야 하는 서류는 서류 결재를 하되 효율을 위해 전자 결재를 활용하고, 대부분의 서류는 구두 결재하도록 한다.

4. 전결 결재 시

단계별 전결 결재를 확대하여 권한 위임과 책임 그리고 교육의 기회로 적극 활용한다.

5. '눈먼 결재', '인정 결재'는 금물

체면이나 시간 부족 등으로 결재 내용을 알지 못하면서 아는 체하여 결재해서는 절대로 안 된다. 필요하면 직접 담당자를 불러서 물어보거나 외부 자문을 받는다. 또한 공과 사를 구분하지 못하고 친한 정도에 따라서 믿고 가볍게 결재해서도 안 된다. 공과 사를 구분하지 못하는 간부는 간부로서 자격이 없다.

6. 협조 결재 시

협조 부서의 협조 결재를 많이 활용하되 협조 부서의 안이하고 무책임한 결재를 막기 위해서 협조 부서 의견서를 의무적으로 첨부토록 활용한다.

경영자와 리더는 본인의 결재가 회사의 손익에 직결된다는 책임감으로 신중히 결재를 해야 하며 항상 업무 효율성도 함께 고려해야 한다. 특히 눈먼 결재나 인정 결재는 오판을 불러올 수 있으므로 조심해야 한다.

시원하게 Yes를
들을 수 있는 보고법

보고란 일에 대한 내용이나 결과를 말이나 글로 알리는 것이다. 보통 일을 잘하는 사람들이 업무 능력도 뛰어날 뿐만 아니라 보고 역시 깔끔하게 하는 편이다.

아침에 출근한 뒤, 나는 홍 이사로부터 보고를 기다리고 있었다. 며칠 전에 변경된 세법에 관해서 조사해서 어제까지 보고해 달라고 했는데 깜깜무소식이었다. 이 현황 조사를 보고받은 후 사안을 고민하여 결정을 내려야 하는데, 보고해 달라는 날짜가 지났는데도 전날까지 별다른 말이 없었다.

오후가 되어서도 보고할 기미가 없자 부아가 나기 시작해 더 이상 참을 수 없어 직접 연락을 취했다.

"홍 이사, 어제까지 조사해 달라는 거 어떻게 되었어?"

언성이 저절로 높아지고 질문에는 짜증이 섞여들었다.

"회장님, 아, 그게 상대방과 협의가 늦어져 아직 못 했는데요."

변명하는 듯한 홍 이사의 태도에 나는 왈칵 짜증이 났다. 그런 일이 있으면 그렇다고 중간 보고를 해주어야 할 게 아닌가? 자연스럽게 언성이 높아졌다.

"뭐 하나 시키면 착착 하는 법이 없구만!"

전화를 끊고 나서도 왜 일처리를 저렇게밖에 못하나 싶어 뒷맛이 씁쓰레했다.

보고를 잘하려면?

서면 보고에 대해서는 결재와 관련하여 설명한 바 있으니, 여기서는 회사 업무 시 더 자주 사용하는 구두 보고에 대해서 이야기하고자 한다.

회사 업무란 수시로 지시하고 또 이에 따른 보고의 연속이다. 이때 보고를 잘하는 것은 경영자가 의사 결정을 제대로 할 수 있게 해주는 통로다.

그럼 어떻게 해야 보고를 잘하는 것일까?

1. 지시의 내용을 확실히 파악하여 정확하게 보고하기

동문서답식으로 잘못 보고를 하거나 엉뚱한 보고를 하여 시간만 낭비하는 경우가 있다. 지시받은 내용을 확실히 못 알아들었거나 미심쩍으면 "이러이러한 말씀입니까?" 하고 상급자에게 되물어 보는 것이 좋다. 확인차 질문을 한다고 해서 말귀를 못 알아듣는다고 여기는 사람은 없다. 오히려 반복하여 확인하는 모습에 신뢰가 간다.

2. 보고는 짧고 간단명료하게

장황하게 늘어놓거나 핵심이 없는 보고는 안 된다. 먼저 결론부터 말하고 짧게 부연 설명을 덧붙인다. 그런 후에 질문을 받거나 더 자세한 설명을 요구할 때 추가 설명을 하면 된다. 미리부터 장황하게 설명해서는 안 된다.

3. 보고는 타이밍

경영자나 상급자는 궁금한 것이 있거나 올바른 의사 결정을 하기 위해서 지시를 하는 것이다. 그러므로 그에 대한 보고는 가능하면 빨리 받기를 원한다. 가장 좋은 방법은 보고하기로 약속한 때보다 미리 보고하는 것이다.

어차피 할 보고인데 미리 보고하면 빠른 업무 처리 능력에 긍정적인 인상을 줄 수 있다. 물론 제날짜에 보고하는 것은 최소한의 기본이다. 상급자가 "왜 보고 안 하는 거야?", "왜 그렇게 일처리 속도가 늦어?"라는 소리를 할 때까지 보고가 늦는 것은 옳지 않다. 만약 제날짜에 맞추기 곤란한 상황이거나 시간이 더 필요한 경우라면 최종 결과를 보고하기 전에 '중간 보고'를 하는 것이 바람직하다.

그러니 제때에 보고하는 습관을 길러야 한다. 더 좋은 것은 보고해야 하는 마감 일정보다도 조금 더 일찍 하는 방법이다. 상사는 이런 부하 직원을 일 잘하는 사람으로 생각하게 된다.

4. 현황만 보고하지 말고 문제점과 대책, 효과까지 보고

현황만 장황하게 보고하고 멈춰서는 안 된다. 들은 대로 전달하고 보이는 대로만 보고하기보다는 그 이상을 준비하여 보고한다. 상급자는 단순히 현황을 알려고 지시하지 않기 때문이다. 그러므로 문제점과 대책, 효과까지 자신의 생각을 정리하여 덧붙이는 것이 좋다. 단, 자신의 생각을 덧붙인답시고 중언부언하거나 횡설수설하면 붙이지 않느니만 못하다. 현황은 간단히, 대책과 효과는 구체적으로 해야 한다는 걸 명심하라.

5. 상대방과의 합의 내용을 보고

성과를 내지 못하고서 보고하는 사람들은 주로 "제가 이렇게 말했습니다", "이런 식으로까지 했습니다", "그 말도 했습니다" 등의 변명을 한다. 본인이 무슨 말을 했는지가 중요한 것이 아니라, '상대방과의 최종 합의 내용'이 중요한 것이다. 주절주절 모든 상황을 옮기려 하지 말고, 핵심만 간추려서 결론을 말해야 한다.

6. 허위 보고, 과장 보고를 하지 말 것

허위 보고나 과장 보고는 경영자나 리더의 의사 결정에 나쁜 영향을 끼친다. 이런 경향이 있는 보고자를 방지하기 위해서 보고를 받는 사람은 일부러 역으로 찔러보거나 다른 사람한테 확인 점검을 시키기도 한다.

보고는 제때에, 제대로 해야 한다. 보고를 잘하는 것도 능력이다. 일 잘하는 사람은 상급자가 원하는 시간보다 앞서 보고하고, 절대 약속된 날짜에서 늦는 법이 없으며, 상급자가 현황을 명확히 분석할 수 있게 도와준다. 제대로 된 보고는 회사의 의사 결정이 올바른 방향으로 나아갈 수 있도록 도와준다. '내 보고가 회사의 손익에 영향을 준다'라는 생각으로 보고를 준비하라.

회의를 통해
문제점과 대책 찾기

월요일 아침, 주간 간부회의를 하고 있었다.

"현장관리부는 지난주의 평가와 이번 주에 할 계획을 요일별 이슈별로 말해보세요."

부서장의 발표가 끝나고 난 뒤, 다른 부서장들을 바라보며 현장관리부와 관련된 업무에 대해 토론하라고 지시했다. 그러자 다른 부서에서는 아무 말도 하지 않았다. 당초 토론식 회의를 하고자 했던 의도와 달리 주간 간부회의는 부서별 보고회의가 되고 말았다. 체면 때문일까? 사전 준비가 부족한 탓일까? 활발한 토론식 회의를 기대했던 것과 달라 이만저만 실망스러운 게 아니었다.

그렇다면 회의는 왜 해야 하는가? 만약 꼭 해야 한다면 어떻게 해야 효과적일까?

미국의 인텔 전 회장 앤드류 그로브는 "회의는 경영에 필수적이다. 결코 시간 낭비가 아니다. 문제는 회의가 아니라 회의를 제대로 할 줄 모르는 데 있다. 회의가 시간 낭비라면 화가가 '캔버스가 가장 큰 시간 낭비'라고 하는 것과 같다. 왜냐하면 그는 하루 종일 캔버스 앞에 서 있기 때문이다"라고 말하며 회의의 중요성에 대해서 이야기했다.

조직이 작을 때는 조직원 몇 명이 모여 짧게 회의를 할 수 있지만, 조직이 커지면 자연스럽게 참가 인원이 많아지고 회의도 길어질 뿐만 아니라 횟수도 잦아질 수밖에 없다. 그래서 회의를 잘못하면 비효율적이고, 시간을 낭비하기 쉽다. 회의가 많아지고 결재 단계가 많아지는 것을 고치면 업무 효율이 21%나 좋아진다는 의견도 있다. 그러므로 회의는 짧고, 성과를 내는 회의가 되도록 해야 한다. 성과를 내지 못하는 회의는 안 하느니만 못하다. 회의를 많이 해서 나쁜 게 아니라 성과를 내지 못하는 회의가 나쁜 것이다. 반대로 성과를 내는 회의는 많을수록 좋은 것이다. 만약 회의를 해도 성과가 나지 않는다면, 그건 회의의 문제가 아니라 회의의 방법이나 진행 혹은 방향을 잘못하고 있는 구성원의 문제이다.

회의는 목적에 따라,

1. 칭찬이나 격려하는 회의

2. 공지, 교육이나 공감을 위한 회의

3. 문제점과 대책 및 전략 수립을 위한 회의

로 나눌 수 있을 것이다. 여기서 1, 2항의 회의는 심각하지 않고 부드러운 분위기에서 회의가 이루어지겠지만, 3항의 회의는 다소 무겁고 신중한 회의가 될 것이다.

또한 회의 주관자에 따라 부서장의 부서회의, 경영자의 임원회의, 기타 대책회의 등으로 구분된다. 또 회의 주기에 따라 일일회의, 주간회의, 월간회의, 분기회의, 연간회의 등으로 구분할 수 있다.

회의의 기능, 문제점 찾기 + 대책 수립하기 + 평가하기

그렇다면 무엇을 위해서 회의를 하는 것인가? 어떻게 해야 성과를 내는 회의를 만들 수 있을까?

회의를 진행하는 것도 기술이 필요하다. 때로는 상대방을 날카롭게 지적하기보다는 부드럽게 칭찬해 주며 긍정의 화법으로 의견을 되받는 것이 좋다. 예를 들어 누군가의 의견과는 다른 주장을 하고 싶을 땐 "그래, 좋은 의견이다. 하지만 이런 방법은 어떻게 생각해?"라고 말하는 것이다.

그러나 문제점과 대책을 찾아내야 하는 중요 이슈에 대한 회의를 할 때는 이런 식으로 화기애애하게 대화를 할 수는 없다. 다소 엄격하고 딱딱한 분위기에서는 목소리가 커지기 십상인데, 이때는 감정을 조절하여 객관적인 의사를 밝히는 것이 필수다. 하지만 말처럼 쉬운 일은 아닐 것이다. 이럴 때 나는 내 좌석 맞은편에 걸어놓은 '안동 양반하회탈'을 보고 감정을 조절하려 애쓴다. 처음엔 큰 도움이 되지 않는 듯하였으나 속에서 불길이 솟을 때 하회탈의 인자한 웃음을 따라 미소를 짓다 보면 회의 구성원의 의견에 고개를 끄덕이며 한 번 더 경청하게 된다.

나는 다음의 일곱 가지 사항을 염두에 두고 회의를 하는 편이다. 회사의 중요 업무 중 하나인 주간회의 방법을 예로 들어보겠다.

1. 문제 있는 이슈의 대책 수립 위주로

회의를 하다 보면 자화자찬과 덕담을 주고받다가 시간 낭비를 하는 경우가 많다. 한 주 동안 있었던 일을 모두 언급하면 시간만 잡아먹고 회의의 초점이 흐려질 수 있기 때문에 최대한 간략하게 줄여 유용한 성과가 나도록 한다. 회의 시간에 언급할 주요 이슈에 대한 문제점은 사전에 준비하고, 그 문제점에 따른 대책을 주로 협의하면 시간은 단축되고 성과는 높일 수 있다.

잘된 일이나 좋은 일은 거론하지 않고 문제 있는 이슈들만 골라서 중점적으로 토론한다. 그 이슈에 대한 문제점과 이에 따른 세부대책에 대해서 주로 협의한다.

2. 회의 분위기는 다소 무겁게, 사전 준비는 철저히

일주일에 한 번 주요 간부들이 참석하는 회의인 만큼 긴장을 하고 신중하게 회의에 임하게 한다. 최소한 일주일에 한 번쯤은 자기 업무의 성과를 위해 바짝 긴장하며 회의 내용을 고민해 봐야 한다. 사전 준비는 철저히 해와서 토론에 적극 참여한다. 자기 의견이 없으면 그저 놀러 온 것이나 진배없다.

3. 회의 시작 후 20분 정도는 '모두 발언'에 사용하기

직원의 인성, 업무 태도, 회사 상황과 직원의 마음가짐, 산업계의 상황 등 새로운 지식이나 경영철학보다는 이미 알고 있는 것을 업무에 어떻게 적용해서 활용할지에 대한 내용을 위주로 발언한다. 직원들은 조찬회나 세미나 등에 참석할 기회가 많지 않으므로 그걸 대신하는 의미도 있다.

4. 부서별 주간 업무계획과 부서 간 토론

토론은 활발하게 하되 감정을 싣지 않고 공과 사를 철저히 구분하며 신상에 관한 언급은 자제한다.

5. 질의응답은 일문일답식으로

결론과 핵심 내용만 발표하고 질의할 것은 확실한 의사 전달과 시간 절약을 위해 일문일답식으로 한다.

6. 사례는 우리가 겪은 일로, 지적보다는 교훈을 주기

구성원이 알고 있는 사례를 적극적으로 활용한다. 모두 알고 있는 이야기이기 때문에 공감을 불러일으키기가 쉽다. 다만 감정을 섞지 않아야 하고, 질책하는 것처럼 들리지 않도록 한다.

7. 의기소침해하는 직원의 기분은 곧바로 풀어주기

상급자로부터 지적을 받거나 과한 표현을 듣고 의기소침해하는 직원이 있으면 그날 안에 정감 있는 말로 다독여서 풀어준다. 부끄러운 감정은 자칫 응어리로 남을 수 있기 때문이다.

　경영자가 주관하는 회의는 정신을 바짝 차려서 회의가 진행될 수 있도록 해야 한다. 잘하고 있는 일은 구태여 거론하지 않아도 상관없지만, 문제가 있거나 생길 가능성이 있는 이슈에 대해서는 철저히 문제점을 찾아내어 대책을 수집해야 한다. 바쁜 시간을 내어 회의하는 자리이니만큼 시간을 정하여 짧고 성과 있는 회의가 되도록 한다. 회의는 불필요하다고 인식할 게 아니라 의미 있게 해야 한다는 것을 명심하자.

승리의 확률을 높이는
협상 전략

한번은 하도업체 A사장이 사무실에 방문했다. 당초 계약보다 더 많은 일을 했으니 설계 변경을 해서라도 돈을 더 달라고 억지를 부리러 온 것이었다. 목소리가 점점 높아질 때까지 잠자코 이야기를 듣고 있던 나는 시계를 보고 A사장에게 말했다.

"지금 나랑 싸우러 온 거야 협의하러 온 거야? 점심시간 다 됐으니 우선 점심이나 먹으러 갑시다."

식당에 도착하자마자 나는 종업원에게 소주 한 병과 맥주잔 2개를 먼저 요청했다. 그러고선 내 잔과 A사장 잔에 소주를 가득 채웠다.

"A사장, 우선 소주 한잔씩 합시다."

내가 단숨에 잔을 비우자 A사장도 얼떨결에 나를 따라 마셨다. 곧바로 술 한 병을 또 시키고 각자 맥주잔에 가득 따르고선 내가 먼저 그 역시 단숨에 마셔버렸다. A사장은 "아니, 회장님 왜 그러십니까? 식사 나오면 드세요!" 하고 기겁을 했다. 기세등등하던 A사장의 기가 한풀 꺾인 순간이었다.

"A사장, 현장소장한테 들어서 대충 내용은 알아요. 그런데 억지를 쓰면 되나요? 내가 일부분은 반영해 줄 테니 이러지 맙시다."

기세가 누그러진 A사장과 툭 터놓고 이야기하자 원만하게 사안을 해결할 수 있었다.

한번은 자금부 직원에게 '한국은행도 금리를 인하했으니 거래 은행에 대출금리를 낮춰달라 협의해 보라'고 지시했는데 은행에서 난색을 표하더란다.

"누구와 통화했나? 지점장이 그래?"

"아니요, 창구에 있는 회사 담당 과장과 통화했습니다."

그 말을 듣자 자금부 직원이 상대를 잘못 골랐다는 생각이 들었다. 대출금리 인하 권한이 없는 과장과 백날 통화해 봐야 무슨 소용인가? 협상할 파트너를 잘못 골랐으니 일이 해결될 리 없다.

협상력을 결정하는 네 가지 조건

협상은 대화만 한다고 되지 않는다. 협상은 고도의 정보전이자 심리전이고 하나의 기술이다. 그렇다면 협상력을 결정하는 네 가지 요소는 무엇일까?

1. 최초의 요구

내가 원하는 것을 얻기 위해서 상대에게 가장 처음 무엇을 요구하느냐가 협상 결과의 기준점이 된다.

2. 정보의 양과 질

상대방에 대한 정보가 많고 정확할수록 유리한 전략을 수립할 수 있다.

3. 업무에 대한 전문적인 지식

합리적이고 논리적인 대안은 업무에 대한 전문지식의 힘에 의해서 만들어진다.

4. 충분한 시간

충분한 시간이 있어야 시간에 쫓기는 상대방을 요리할 수 있다. 반대로 내가 시간에 쫓기면 초조해져서 실수를 할 수도 있고, 또 상대방이 보일 최적의 안을 기다리지 못하거나 최적의 카드를 성급히 먼저 보여 주게 될 수 있다.

이기는 협상의 열 가지 전략지침

협상력을 결정하는 네 가지 요소를 바탕으로 협상 전략 수립 시 참고해야 할 열 가지 지침을 구체적으로 정리해 보면 다음과 같다.

1. 최초 요구는 크게 하라. 크게 요구하면 크게 얻는다.

2. 제안은 구체적으로 하라.

3. 자기 쪽에서 먼저 제안하라.

4. 검토 시간을 여유 있게 가지고 상대방의 데드라인을 파악하라.

5. 교착 시에는 중간점을 취하고 빨리 마무리하라.

6. 상대에게 돈, 시간, 노력을 투자하게 하라.

7. 비금전적 요구에 유의하라.

8. 상대의 정보는 최대한 얻고 자신의 정보는 최대한 감추라.

9. 조금씩 양보하면서 큰 양보를 얻어내라.

10. 절대로 서두르지 말고 상대방의 약점 파악에 주력하라.

이러한 협상 지침에 근거하여 내가 사용한 실제 협상 전략은 다음과 같다.

▶ 먼저 협상을 어느 쪽에서 제안하느냐, 어느 시기에 어느 장소에서 어느 참가자와 협상을 하느냐가 성패를 좌우할 수 있다. 그래서 먼저 나는 실무진에서 강경하게 나가도록, 최대한 많은 양보를 요구하며, 지칠 때까지 부딪치게 한다. 유리한 협상 시기가 무르익으면 그때 최종 결정자인 내가 나선다. 가장 중요한 것은 최종 협상안을 제시할 타이밍을 특별히 고려해야 한다는 것이다. 협상에 방해가 되는 곤란한 상대방의 협상 참가자는 처음부터 배제한다.

▶ 협상 내용과 협상 조건을 다양하게 준비해 둔다. 예를 들어 업체 선정 때 계약금이 막히면 지불 조건, 타 현장 우선권 보장, 별도 지원 등 다양한 카드를 준비하여야 한다.

▶ 타협안 제시의 타이밍과 양보를 위한 인내의 시간은 필요한 법이다. 최종 양보안이 나올 때까지 속을 보이지 않고 의연한 모습을 유지하는 것이 중요하다. 협상의 중요한 변수로 작용하기 때문이다. 성질 급한 사람이 먼저 지치는 법이다. 타협안 제시를 누가, 언제 하느냐가 중요하며 2차, 3차의 타협안을 고려하여 최종 타협안을 정한다. 이때 타협의 결렬 시점도 검토해야 한다.

▶ 역할의 분담을 정해둔다. 공격적으로 양보하게 하거나 협상마저 깨버리려는 강경파의 투입 시기와 역할, 조금씩 양보하고 상대방을 설득하고 달래려는 온건파의 투입 시기와 역할을 조화롭게 사용해야 한다. 또한 강경파와 온건파 각각이 꼭 해야 할 말과 해서는 절대 안 되는 말을 사전에 구분하여 숙지시켜 놓아야 한다.

▶ 바트나(BATNA, Best Alternative To a Negotiated Agreement)에 대비해야 한다. 바트나는 협상에 의한 합의가 불가능할 경우에 취할 수 있는 대안을 말한다. 이때는 협상 중단, 다른 협상 상대방으로 전환, 소송, 파업의 강행, 다른 형태의 연합 또는 제휴의 방법까지 미리 유불리를 대비해 두어야 한다.

회사를 운영하다 보면 상대방과 협상을 해야 할 일이 많다. 협상은 상대방과 타협을 통해 밀고 당기면서 최적점을 찾는 행위이다. 옳고 그름의 문제가 먼저이고, 그다음은 상대편에 대한 양보의 문제이다. 협상도 기술이며 전략이기에 충분한 노하우를 가지고 있어야 한다.

막차를 타지 말자

　사람이 운이 나쁠 때는 어떤 일이 벌어질지 알 수 없다. 길을 잃어버리거나 갑자기 자동차 타이어가 펑크 날 수도 있고, 갑자기 복통이 생겨 병원에 실려갈 수도 있다. 막차 시외버스를 타기 위해서 택시를 잡으려는데 시간이 걸려 버스를 놓쳐서 낭패를 당할 수도 있다. 굉장히 중요한 비즈니스 약속을 앞두고 하필이면 그 시간에 교통사고가 나서 교통 체증으로 약속을 지키지 못해 결국 비즈니스가 결렬될 수도 있다. 이 모든 경우가 우리가 흔히 "재수가 없어서" 혹은 "운이 없어서"라고 한탄하게 되는 일들이다.

막차의 스릴을 즐기다 쪽박 찬다

나는 비즈니스에 관련한 약속은 칼같이 지킨다. 비즈니스는 신용이다. 중요한 비즈니스에 약속을 지키지 않는다면 신용을 잃은 것이나 마찬가지라고 생각하는 주의다. 지금이야 관급 공사 입찰을 사무실에서 전자 입찰로 진행하지만, 예전에는 해당 시·군의 입찰 장소에 가서 하는 현장 입찰 방식이었다. 그래서 예정된 입찰 시간에서 1초만 지나도 입장하지 못하도록 문을 닫아버린다. 입찰을 보지 못하면 큰일이기에 나는 전날 가거나 미리 도착하여 기다리곤 했다.

민간 공사 입찰도 역시 시간이 중요하다. 입찰에 참가하려고 견적서를 제출하는데 마감 시간을 정해놓은 경우는 그 시간을 넘겨서 제출하면 무효가 된다. 제출 시간을 지키지 못했다는 이유로 그동안의 애쓴 노력이 수포로 돌아가고 만다. 그래서 나는 비즈니스에서 약속을 지키는 것을 너무도 중요하게 여긴다. 그래서 막차를 타듯 아슬아슬하게 일하는 걸 좋아하지 않는다.

비즈니스상의 약속을 무척 중요하게 생각하는 한 지인이 있었다. 납품 계약 건으로 사무실에서 만나기로 한 사람을 기다렸으나 약속 시간이 돼도 감감무소식이었다. 미련을 두지 않고 자리에서 일어나는 지인에게, 주변 사람들이 조금 더 기다려야 하지 않느냐고 만류했다. 그러나 지인은 단호하게 말했다.

"첫 거래를 하려는 사람이 이렇게 약속을 안 지키면 나중에 애를 먹일 사람 아니겠어?"

지인은 상황을 관리하지 못한 상대방에 대해 더 이상의 미련을 두지 않고 사무실을 떠났다. 비즈니스에서 약속을 칼같이 지키는 그의 말과 행동이 무척 인상 깊었다.

　나는 직원들에게도 무슨 일이든지 막바지에 하지 말라고 주의를 준다. 그것이 중요한 업무와 관련된 서류를 준비하는 것이라면 더욱 그러하다. 최소한 보고를 위해 서류를 보완하고 수정할 수 있는 시간은 남겨놓아야 한다.

　서류를 제출할 때도 누차 강조하는 것이 있다. 제출해 달라는 서류 목록에 혹시라도 유리한 것이 있다면 달라고 하지 않더라도 참고용으로라도 전부 챙겨서 주어야 한다고 말이다. 만약 불리한 내용이 있다면, 허위 서류를 주어서는 안 되겠지만, 너무 눈에 띄지 않도록 잘 다듬어야 하고 충분히 소명을 해서 제출하도록 권고한다.

　세상을 살다 보면 어떤 일이 벌어질지 모르기에 막차를 타서는 안 된다. 갑작스러운 사고로 목적지에 도착하지 못할 경우까지 생각해야 한다. 그것이 비즈니스처럼 중요한 일이라면 더욱 그렇다. 비즈니스에서 막차를 타다가 큰 손해를 보는 일은 없어야 하지 않겠는가.

PART 5

전략적
경영을
하고 있는가?

변화와 혁신, 차별화

전략적 경영의
중요성

세상은 변하고 있다. 그것도 점점 더 빠른 속도로, 예측하지 못하는 방향으로 말이다. 새로운 기술이 계속해서 나오고 생각하는 방식이 전혀 다른 새로운 경쟁자들이 출현하는 상황에서 '이제까지 해오던 것이나 잘하자!'라는 막연한 생각만으로는 언제 도태될지 모르는 기업 환경이 되었다. 과거처럼 그대로 모방만 해서는 살아남을 수 없고, '무엇을(What to do), 어떻게(How to do) 해야 회사를 성공적으로 운영해 나갈 수 있을지를' 생각하는 전략적 경영을 해야 한다.

미국의 경영학자 조엘 로스(Joel Ross)와 미셸 카미(Michael Kami)는 "전략이 없는 조직은 방향 없이 빙빙 도는 키 잃은 배다. 갈 곳 없는 떠돌이다"라고 말했다. 변화에 능동적으로 대처해 나가기 위해서는 전략적 사고를 해야 한다.

전략적 경영이란 무엇일까?

1971년 현대그룹의 창업주 정주영 회장은 조선소를 짓기 위해 영국 은행에 돈을 빌리려고 하고 있었다. 당시만 해도 우리나라는 경제적으로 무척 어려웠기 때문에 은행에서는 돈을 빌려주는 걸 주저하면서 영국식 사업계획서와 추천장을 가져오라고 했다. 영국 선박컨설턴트한테서 사업계획서는 받았는데 어느 회사도 추천장은 써주지 않았다. 영국의 유명한 조선회사인 'A&P 애플도어' 회장을 만나 부탁해 보았지만 비관적인 말만 하면서 거절하는 것이었다. 그때 정 회장은 이순신 장군의 거북선이 그려진 오백 원짜리 지폐를 보여주었다. 거북선은 영국보다 300년이나 앞선 1500년대에 만들어진 철로 만든 함선이며, 한국인의 조선기술은 그만큼 우수하다는 점을 강조해 결국 은행으로부터 돈을 빌렸다는 배짱 좋은 일화다.

또한 정 회장은 현대가 조선업으로 처음 진출할 때 주변에서 비관적인 예측을 많이 하자 "배라는 것이 안에는 엔진이 있고 바깥은 큰 탱크로 둘러싸여 있는 거 아닌가? 정유공장의 큰 탱크는 현대가 많이 만들어본 거잖아"라고 하며 조선업에 뛰어들었다.

정주영 회장은 "이봐, 해봤어?"라는 말로 대변되는 '불도저 정신'의 상징처럼 여겨지지만, 사실은 전략적 경영으로 회사를 성공적으로 키워낸 전략가라고 할 수 있다. 이처럼 회사를 성공적으로 운영하기 위해서는 경영자뿐만 아니라 직원들도 전략적 사고에 대한 적극적인 자세를 가질 필요가 있다.

그렇다면 회사를 성공적으로 이끌 수 있는 전략적인 경영을 하려면 어떻게 해야 할까?

고려대학교 경영학 김언수 교수는 전략경영에 관한 전반적인 내용을 다음과 같이 언급했다.

중국 춘추시대 제나라 출신의 천재 병법가이자 전략가인 손무가 쓴 대표적인 병법서로 총 13편의 구성을 통해 군사운용의 기본적인 원칙으로부터 실전에 응용할 수 있는 변화무쌍한 전술을 다룬 『손자병법』제1편 시계편(始計篇)에 의하면, 전쟁의 결과를 미리 예측하기 위해서는 우리와 적을 다음의 일곱 가지 기준으로 비교할 수 있어야 한다.

1. 어느 쪽이 더 강한 명분을 가지고 있는가?
2. 어느 지휘관이 더 능력이 있는가?
3. 어느 쪽이 기후와 지형에 더 유리한 지점을 차지하고 있는가?
4. 어느 쪽이 전략을 더 잘 실행할 수 있는가?
5. 어느 쪽이 더 우수한 무기를 가지고 있는가?
6. 어느 쪽의 장교와 병사들이 더 잘 훈련되어 있는가?
7. 어느 쪽이 상벌에 대해 더 엄격하고 공정한가?

이 일곱 가지 요소로서 승리와 패배를 예측할 수 있는데, 이것을 현대적으로 해석해 보면 전략경영을 어떻게 해야 하는지 알 수 있다.

즉, 1번처럼 회사는 비전이나 회사의 목표와 방향, 의사 결정과 사회적 책임에서 명분으로 앞서야 한다는 것.

3번처럼 회사의 외부 환경인 정부의 정책이나 산업계의 흐름에 맞춰 변화하여 그에 맞는 유리한 위치를 구축하고 혁신해야 한다는 것.

5~7번처럼 회사의 내부 환경인 인적·물적·조직적 자원을 가장 효율적으로 활용하여 핵심 역량을 갖추고 평가를 제대로 한다는 것.

2번처럼 리더십을 발휘하여 성과를 내는 것.

4번처럼 이러한 전략을 제대로 실행하는 것.

이처럼 전략적 경영을 하기 위해서는 회사의 비전과 목표 설정 및 각종 정책까지 포함한 전체의 상황을 파악하고, 직원 개개인의 리더십과 실행력, 차별화된 능력까지 모든 영역에 걸쳐 변화와 혁신으로 접근할 수 있는 자세가 필요하다. 이러한 전략적 경영을 통해서 회사의 지속적 성장을 꾀할 수 있고, 경쟁 회사보다 우위를 확보할 수 있다.

전략적 경영, 우리가 경쟁에서 반드시 승리할 역량을 찾아 키우는 것

나는 이런 전략적 경영의 관점에서 반기별로 1년에 두 번 경영전략 평가회의를 하고, 매월 월간회의에서 다음과 같은 주제로 각자 발표하고 토론을 하도록 한다.

우리 회사가 현재의 외부 환경이나 내부 환경에 비추어 변화, 혁신해야 할 것들은 무엇인가?

우리 회사가 경쟁사에 비해 차별화된 핵심 역량은 무엇인가?

회사 전체와 부분별 목표는 무엇이고 목표에 미달한 것은 무엇인가?

미달된 원인과 문제점, 대책은 무엇인가?

이러한 회의를 진행하는 이유는 그때그때의 이슈에 대한 해결 방안을 찾고자 하는 것도 있지만, 리더로서 장기적 관점에서 전략적 경영을 생각하고 소명과 책임감을 가지도록 하는 목적도 있다.

과거에 했던 방식으로 회사 운영을 고집하거나 경쟁사의 방식을 무조건 모방만 해서는 안 된다. 외부 환경과 내부 환경의 변화에 따른 혁신이 이루어져야 하고, 이를 유지하기 위한 핵심 역량을 갖추어야 한다. 리더와 직원들 모두가 환경 분석, 전략 수립, 전략 실행, 전략 평가의 프로세스를 염두에 두면서 업무에 임할 때 비로소 그 회사는 전략에 따른 성장 발전이 가능하다.

경영전략의 기본 1,
상황분석론(SWOT)

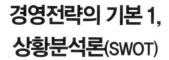

회사를 이끌어가는 경영자와 리더는 타 회사와의 경쟁적 우위에 서면서, 회사가 이윤을 충분히 내는지 자신에게 질문을 던져야 한다. 지금 우리 회사 상황이 어떠한지, 현재 산업계의 현실은 어떠한지 말이다.

이 질문만으로 부족하다면, 그럼 우리 회사는 어떻게 변해야 하는지, 변하기 위해서는 무엇을 어떻게 해야 하는지, 변하는 데 따르는 비용은 얼마나 되며, 이익은 무엇일지에 대한 또 다른 질문을 끊임없이 던져야 한다.

외부 환경과 내부 환경은 끊임없이 변하기 때문에 회사를 운영하는 데 가장 효과적인 전략적 경영을 모색해야 한다. 이때 효과적으로 사용할 수 있는 것이 바로 SWOT 분석이다.

내부 환경과 외부 환경의 조화 _상황분석론(SWOT)

오피스텔을 짓기 위해 투자 계획을 수립하는 과정에서 재무 담당 김 부장과 영업 담당 박 부장이 설전을 벌였다.

"김 부장, 지금은 주택 경기가 그리 나쁘지 않기 때문에 짓기만 하면 분양은 크게 걱정 없으니 한판 벌입시다."

"아니, 박 부장님. 만약에 분양이 잘 안 될 시에는 회사 자금 상황에 어려움이 생길 수 있어요. 그러니 너무 크게 벌이지 말고 문제없을 정도로만 투자해야 합니다."

두 사람 모두 팽팽했고, 양보할 의사가 없어 보였다. 그래서 내가 끼어들었다.

"맞습니다. 그런데 지금 주택 경기가 서서히 식어가고 있으니 우리 자금으로 준공시키고, 혹시라도 미분양이 될 경우에 자금에 문제가 없는지를 자금부에서 점검해 보고요, 분양팀들은 준공 전까지 분양을 마칠 수 있는지를 다시 한번 정밀히 분석해 본 다음에 자신 있다면 영업 박 부장의 의견대로 해봅시다."

주택 시장의 한쪽 면만 보거나 자금 쪽만 생각하고서 결정할 일이 아니었다. 우리의 역량과 외부 환경을 동시에 고려해서 신중하고 실수 없는 의사 결정을 해야 큰 탈이 없다. 뭐든지 급하게 하다 보면 실수가 나기 마련이고, 회사의 경우 한 번의 실수가 큰 손실로 이어지기 때문이다.

이처럼 기업의 내부 환경(인적·물적 자원, 제품과 서비스의 질, 역량)과 외부 환경(경쟁 회사, 소비자 시장, 거시적 산업계)을 분석하여 강점(Strength), 약점(Weakness), 기회(Opportunity), 위협(Threat)의 요인을 규정하고, 이를 토대로 생산과 마케팅 등 경영전략을 수립하는 것을 '상황분석론 (SWOT)'이라고 한다. 미국의 경영컨설턴트인 알버트 험프리(Albert Humphrey)가 고안한 기법이다.

회사 외부로부터의 기회는 최대한 살리고 위협은 방어하는 방향으로, 또 회사 내부의 강점은 최대한 활용하고 약점은 보완한다는 논리이다. 이 네 가지 요소를 조화롭게 혼용하여 경영전략을 수립하면 여러모로 유익하다.

〈SWOT 분석표〉

	내부적 강점(S)	내부적 약점(W)
외부적 기회 (O)	SO전략(강점·기회) (외부에서 오는 기회를 살리기 위해 조직의 강점을 활용하는 전략)	WO전략(약점·기회) (외부에서 오는 기회를 살리기 위해 조직의 약점을 보완하는 전략)
외부적 위협 (T)	ST전략(강점·위협) (외부에서 오는 위협을 넘어서기 위해 조직의 강점을 활용하는 전략)	WT전략(약점·위협) (외부에서 오는 위협을 넘어서기 위해 조직의 약점을 보완하는 전략)

SO전략은 외부의 기회와 내부의 강점을 활용하는 전략이므로 경쟁사의 인수합병이나 신사업을 통하여 공격적으로 성장을 도모하기 위한 전략이다.

WO전략은 외부의 기회와 내부의 약점을 보완하는 전략이므로 기존 사업을 강화하기 위해서 수직계열화와 같은 방법으로 약점을 보강하기 위한 전략이다.

ST전략은 외부의 위협과 내부의 강점을 활용하는 전략이므로 외부의 위협을 적극적으로 방어하기 위해 다각화, 틈새전략 등으로 위협을 모면하기 위한 전략이다.

WT전략은 외부의 위협과 내부의 약점을 보완하는 전략이므로 사업을 정리하거나 축소하여 기존사업을 보존하기 위한 전략이다.

SWOT 분석은 회사의 어떤 의사 결정뿐만 아니라 개인적 문제에도 활용할 수 있을 만큼 응용 범위가 넓은 일반화된 전략 분석기법이다.

중요한 이슈가 발생하면 우리 회사는 SWOT 분석을 통해 내부·외부 환경에 따른 전략을 세운다.

내부·외부 환경이 다 좋을 때, 즉 회사 자금이 충분하고 실력 있는 분양팀이 다수 갖추어져 있으며 주택 경기가 호황일 때는 공격적으로 투자하여 좋은 성과를 얻었다. 그리고 내부 여건이나 외부 환경 중 일부가 부족할 때는 신중하고 보수적이며 최소한의 투자만 해왔다. 반면 내부·외부 환경이 다 좋지 않을 때는 투자를 하지 않고 여건이 좋아질 때까지 차분히 좋은 시기를 기다렸다.

이처럼 내부 환경과 외부 환경에 따라 전략적 경영을 달리해야 이익을 극대화하고 손실을 피할 수 있다.

이런 상황분석론을 우리 실생활에도 많이 응용할 수 있다.

예를 들어 서울 어느 지역에 커피숍을 내고 싶을 때, 내가 가진 투자금이 넉넉하고, 시설이 잘되어 있고, 좋은 곳에 위치하거나, 맛이 특별히 좋다면 이런 경우는 강점(S)이고, 그 반대이면 약점(W)일 것이다.

커피 사업이 돈을 벌기 좋은 사업이고, 그 지역이 경쟁자가 없고, 고객이 많다면 이런 경우는 기회(O)이고, 그 반대이면 위협(T)일 것이다.

이를 조합해 보면, SO전략은 강점이고 기회이니 가게를 두 개를 해도 좋고 또 크게 해도 좋을 것이다. WO전략은 약점이고 기회이니 대출을 일으키거나 동업을 해서라도 투자해도 좋을 것이다. ST전략은 강점이고 위협이니 너무 크게 벌이는 것은 신중히 하면서 경쟁자가 없거나 고객이 많은 지역으로 옮길 방안을 찾아보는 것이 좋을 것이다. WT전략은 약점이고 위협이니 커피숍을 안 하거나 다른 업종을 찾아보는 것이 좋을 것이다.

경영전략의 기본인 상황분석론(SWOT)은 내부 환경과 외부 환경을 분석하여 내부의 강점(S)과 약점(W)을 찾고, 외부의 기회(O)와 위협(T)을 찾아내서 내부와 외부의 조합에 따라 강점을 활용하기 위한 가장 적절한 SO전략과 ST전략을 구사하는 것이다. 마찬가지로 약점을 방어하기 위한 가장 적절한 WO전략과 WT전략을 구사하는 경영전략이다.

이 전략은 회사의 의사 결정뿐만 아니라 개인의 의사 결정에도 폭넓게 사용할 수 있는 간결하면서도 매우 유용한 전략 분석이론이므로 충분히 활용해 보도록 하자.

경영전략의 기본 2, 게임이론

교회의 신축 공사를 수주하기 위해 한 업체와 견적 경쟁을 하게 되었다. 무리하게 견적을 낮추면 시공하면서 손실이 생길 수도 있기 때문에 우리 회사는 저가 덤핑 견적을 하지 않고 정상 견적으로 이익을 확보하고 싶었다. 그런데 상대 회사가 어떻게 나올지 몰라서 걱정이었다. 만약 상대 회사가 덤핑 견적을 낸다면 우리 회사가 수주하기 위해서는 손실을 감수하고라도 견적을 더 낮춰 제출할 수밖에 없었다. 그렇게 되면 어느 회사에서 낙찰하더라도 정상 수주일 때의 이익을 볼 수 없으니 모두 다 손해였다.

그래서 상대 회사에 협의를 요청하였다.

"큰 손해를 감수하면서까지 공사할 게 뭐 있겠소. 누가 수주하더라도 이익이 남을 수 있도록 정상 견적을 내도록 합시다."

수주하겠다는 욕심에 덤핑 견적을 내면 결과적으로 어느 누구도 이익을 거두지 못하는데도 막상 현장에서는 제 살 깎아먹는 덤핑 견적을 선택하는 회사들이 존재한다. 다행히 우리 회사와 상대 회사 모두 정상 견적을 내기로 합의해서 공정한 경쟁을 할 수 있었다.

이러한 경쟁을 게임이론(Theory of Games)으로도 설명할 수 있는데, 게임이론이란 경쟁 상대의 반응을 고려해 자신의 최적 행위를 결정하는 의사 결정의 형태이다. 운동경기, 화투, 포커, 바둑, 협상, 전쟁 등 그 유형을 불문하고 모든 게임의 경기자는 상대가 취하는 전략을 감안하여 자신의 행위를 결정한다. 즉 게임의 키워드는 경기자 간의 '상호작용'이다.

이 이론은 1944년 수학자인 폰 노이만(Johann Ludwig von Neumann)과 경제학자인 모르겐슈테른(Oskar Morgenstern)의 공저 『게임이론과 경제행동』에서 처음 소개했다. 이후 1944년 노벨경제학상을 수상한 존 내시(John Nash)의 '내시 균형'에 의해 발전해서 다양한 분야에서 활용되어 왔다.

이기적 선택으로 모두가 불행할 것인가? _게임이론

이 게임이론 중 가장 잘 알려진 것이 '죄수의 딜레마(Prisoner's Dilemma)'이다.

죄수의 딜레마란 두 사람의 협력적 선택이 둘 모두에게 최적의 선택임에도 불구하고 자신의 이익만을 고려한 선택으로 인해 자신뿐만 아니라 상대방에게도 나쁜 결과를 야기하는 현상을 말한다. 그 내용은 다음과 같다.

두 명의 은행 강도 용의자 A와 B가 격리실에서 각각 검사로부터 자백을 회유받는다. A가 자백하고 B가 묵비권을 행사하면 A는 석방되고 B는 5년형을 받는다. A와 B가 모두 자백하면 모두 3년형을 받는다. A와 B가 모두 묵비권을 행사하면 모두 1년형을 받는다. 검사의 회유에 A와 B는 어떤 선택을 할까?

〈죄수의 딜레마〉

	B 묵비권	B 자백
A 묵비권	A 1년형 / B 1년형 ※최적 선택(행복)	A 5년형 / B 석방
A 자백	A 석방 / B 5년형	A 3년형 / B 3년형 ※A와 B 이기적 선택(불행)

B가 자백하는 경우: A는 묵비권 행사(5년형)보다 자백(3년형)이 유리하다.

B가 묵비권 행사를 하는 경우: A는 묵비권 행사(1년형)보다 자백(석방)이 유리하다.

A로서는 B가 어떤 선택을 하든지 자백이 유리한 선택이라는 것이다. 마찬가지로 B도 A의 선택이 무엇이든지 자백이 유리한 선택이 된다. 결국 검사는 A, B 모두에게 자백을 받아 3년형으로 기소하게 되었다.

그런데 A와 B의 '최적의 선택'은 따로 있다. 협력(묵비권)만 했다면 모두 1년형을 받았을 것이다. 이것이 가장 좋은 최적의 선택이다. 그러나 각자의 이기적 선택(자백)이 각자의 불행(3년형)으로 귀결된 딜레마인 것이다.

이 죄수의 딜레마 게임에서 최적의 방법이 선택되지 않은 이유는 두 죄수 모두 격리되어 있어서 협력이 일어나지 않았기 때문이다. 만약 서로 협력이 이루어질 거라는 확신이 있었다면 A와 B는 행복(1년형)을 거머쥘 수 있었을 것이다.

게임이론 중 또 유명한 것이 '치킨게임(Chicken Game)'이다.

A와 B가 대립하면서 둘 중 하나가 남을 때까지 무한경쟁을 하는 것이다. 상대 회사를 무너뜨리기 위해 손해를 감수하면서도 계속 가격을 낮추어 상대를 쓰러뜨리고, 그 후에 시장을 독식하여 이익을 독차지하는 것이다. 2000년대 들어서 우리나라 삼성전자와 SK하이닉스가 일본의 엘피다와의 컴퓨터 메모리 싸움에서 이겨 우리나라 반도체 산업이 번창한 것이 그 예다.

그렇다면 게임이론이 회사의 마케팅 경영전략에 사용된 경우를 살펴보자.

A, B 두 학원이 각자 학생을 많이 끌어와 매출을 올리기 위해서 학원비 할인 정책을 쓰고 싶다. 게임이론에 의하면 A와 B 모두 자기 입장만 생각하여 최선의 선택으로 학원비 할인을 하게 되지만 다른 쪽도 가만 있을 수 없기에 결과적으로 두 학원 다 학원비만 낮출 뿐 매출은 오르지 않게 된다. A와 B 모두가 유리한 최적의 선택은 서로 합의 협력하여

학원비를 낮추지 않는 방법이다.

이처럼 개인에게 합리적이고 최선인 선택이 전체의 불합리한 결과를 불러오지 않으려면 어떻게 해야 할까? 그것은 서로가 상호 합의나 협력하여 최적의 선택을 할 수 있도록 하는 것이다. 상대 경쟁자의 반응에 따라 나도 최선의 선택을 하기 위해서는 과거 상대가 취한 전략에 따라 팃포탯(Tit for tat: 상대가 가볍게 치면 나도 가볍게 친다는 뜻으로 '이에는 이, 눈에는 눈'과 같음) 방식으로 대응해야 한다.

앞서 죄수의 딜레마 사례로 얘기하자면, 과거에 상대방이 자백하는 경우였다면 이번에도 자백하기 쉬우므로 나도 자백을 하고, 상대방이 묵비권 행사를 했던 사람이라면 나도 묵비권을 행사하는 것이 가장 효과적인 대응 방법이라는 것이다.

건설업에서 사업적으로 게임이론을 적용하자면 거래처나 하도업체를 선정할 때도 무조건 최저 가격을 제시했다고 선정해서는 안 되며, 과거에 계약 체결 후에 일방적으로 약속을 이행하지 않은 경우가 있었다면 상대방이 계약 불이행 시 손해배상을 받을 수 있는 내용을 계약서상에 포함해야 한다.

이것을 우리들이 일상에서 접하는 '가위바위보' 게임으로 예를 들어서 말해보자.

내가 이길 수 있게 상대방과 미리 짜고(합의, 협력) 하면 되는 것이다. 이기기 위한 또 다른 방법은 평상시에 상대방의 스타일을 알고 대응을 하는 것이다. 그런데 상대방의 스타일을 모르면 어찌해야 하나? 이건 게임이론으로는 안 되니 운에 맡길 수밖에 없다.

이처럼 게임이론은 경쟁 상대의 반응을 고려해 자신의 최적 행위를 결정하는 의사 결정인데 각자의 이익만을 생각하여 결정하면 종국에는 모두한테 좋지 않은 결과를 초래하게 된다. 이를 피하고 개인의 합리적인 선택이 조직 전체에 유리하게 작용하기 위해서는 합의와 협력을 이끌어내야 한다는 것이다. 이와 같은 전략적 경영은 경영의 기본이며 필수다.

경영전략 측면에서의
파레토 법칙 활용법

파레토 법칙이란 전체 원인의 20%가 전체 결과의 80%를 만들어내는 현상을 말한다. 일명 '20 대 80의 법칙'이다.

이 이론은 이탈리아의 경제학자 빌프레도 파레토(Vilfredo Pareto)의 1896년 논문에 나오는 말로, 그에 의하면 이탈리아 전체 인구의 20%가 전체 땅의 80%를 소유하고 있으며, 밭에 심은 완두콩 씨앗의 20%에서 전체 완두콩 수확량의 80%가 나온다는 것이다. 이렇듯 파레토 법칙은 회사 경영과 사회생활, 인간관계의 현실을 설명해 준다.

나는 회사의 주요 하도업체 사장들과 1년에 한 번 1박 2일로 야유회를 가곤 한다. 하도업체 중에서 가격과 기술력이 월등하고, 공정률을 제대로 올려주어 현장에 도움이 되는 모범 협력업체를 뽑아 감사의 표시를 하는 것이다. 그러다 보니 이 야유회에 참석한 사장들은 기분 좋게 여행을 떠난다.

"김 사장님, 오늘 술이 받나 보네요. 기분 좋게 잘 드시네요."

"그럼요. 1년에 한 번 이렇게 불러주셔서 놀러 오니 기분이 안 좋을 수가 없지요."

물론 견적에 참여한 모든 하도업체가 회사의 주요 거래처가 될 수는 없다. 참여 업체 중 대략 20% 정도가 회사의 하도공사 80% 정도를 계속해서 수주하여 계약을 체결하는 경우가 많다. 이렇게 성적이 좋은 업체가 우수 협력업체로 선정되어 상부상조를 하는 것이다.

우리가 일상생활에서도 많이 접하는 단톡방의 경우는 어떠한가? 단톡방에 초대된 인원 중 일부만 수시로 카톡을 이용하지 않던가? 대부분의 멤버들은 눈팅만 하거나 관심이 없다. 여기서도 대략 20%의 멤버가 80%의 카톡량을 차지하는 파레토 법칙이 비슷하게 적용되는 것이다.

파레토 법칙은 개미 사회에도 적용된다. 일개미 중 전체 20%가 80%의 일을 도맡아 하고, 이 20%의 개미를 분류했더니 그중 또 20%만이 80%의 일을 한다는 것이다.

파레토 법칙으로 선택과 집중을!

이런 현상은 경영에 있어서도 마찬가지이다.

백화점 매출의 80%는 소수의 단골 20%가 올리는 것이고, 은행이나 카드사의 80% 이상의 이익을 20%의 VIP나 우수 고객이 만들어준다. 자동차 회사에서도 이익을 내는 모델은 전체의 20%를 넘지 않는다. 그러므로 소수의 이 20%의 고객 관리에 보다 더 중점을 두어야 한다. 그래서 기업은 VIP 관리에 차별을 두어야 매출을 관리할 수 있다. 백화점이나 은행에서 VIP 고객 전용 라운지를 두는 이유이기도 하다.

실생활에서도 입고 다니는 80%의 옷은 옷장에 있는 20%의 옷이고, 내가 일하는 10시간 중에 20%인 2시간이 일의 80% 성과를 낸다. 식당에서도 20%의 단골이 매출의 80%를 올려주고, 또한 20% 메뉴에서 80%의 매출이 일어난다. 집단 내에서도 20%가 친구가 되고, 행복의 80%가 이들과의 관계에서 생긴다. 경기에서도 상위 20%의 팀이 상금의 80%를 가져가는 현상이 나타난다.

그렇다면 회사 내에서는 어떨까. 회사에서는 전체 직원의 20%가 회사 이익의 80%에 달하는 성과를 낸다. 그러므로 회사에서는 열정과 능력을 가지고 있는 20%의 직원을 특별 관리를 해주고 적절하게 보상해주어야 한다. 회사에서 이 20% 직원들에게 아낌없는 지원을 해주어야 회사가 어려울 때도 이 직원들이 끝까지 남아서 회사를 지키고 키워나간다. 뿐만 아니라 인사와 복지 혜택을 우수한 성과를 내는 20%의 직원에게 집중하면 80%에 속한 직원들이 20% 안에 들어오려고 노력하여 긍정적인 유인책이 되기도 한다. 다른 관점에서 보면 20%의 무능하고 불평불만만 하는 직원과 반대로 회사를 위해서 노력하는 80% 직원이 있는데, 이 하위의 무능한 20%의 직원을 특별 관리하여 나쁜 직장 문화가 뿌리내리지 않도록 퇴사 조치와 인사 교류 및 교육 등의 정책을 펴야 한다.

회사 거래처 관리에서도 이 파레토 법칙을 활용할 필요가 있다. 매출의 80%는 거래처 중 20%가 올려준다. 그러므로 이 20% 거래처를 집중 관리하여야 한다. 거래처에 회사와 특별한 관계를 맺고 있음을 인지시 키고 주기적으로 미팅을 하여 회사의 VIP 거래처임을 알려 자부심과 유대감을 가지도록 해야 한다. 주기적인 미팅을 갖는 것만으로도 특별 관리 대상이라는 생각에 거래처는 저절로 긴장하게 된다. 이런 기분 좋 은 긴장감은 품질과 매출에 긍정적인 영향을 미친다.

이처럼 20 대 80의 파레토 법칙은 선택과 집중을 통한 VIP 관리라고 도 할 수 있다. 이익을 가져다주는 20%의 직원에게 적절한 보상과 칭 찬을 아끼지 않고, 우수한 거래처 20%를 적절하게 관리하여 제품 퀄리 티에 만전을 기한다면 가장 효과적으로 80%의 성과를 유지할 수 있을 것이다.

일은 곧 '돈'이다

나는 아내를 따라 시장이나 백화점에 곧잘 가곤 한다. 무거운 짐을 들어주기 위해서지만 구경하는 재미도 쏠쏠하기 때문이다. 시장에 가면 우리가 살아가면서 이렇게도 많은 종류의 물건이 필요할까 하고 놀라기도 한다.

그런데 이렇게 많은 물건들이 가격이 제각각이다. 1,000원짜리에서 부터 몇백만 원짜리까지 물건마다 가격이 다 다르다. 상인들은 매상을 많이 올리려고 수익이 좋고 비싼 물건들을 특별히 눈에 띄는 위치에 놓고 고객들을 유도하고, 손님들은 물건을 싸게 사고 싶어서 이곳저곳을 다니면서 가격과 품질을 비교해 보고 가격을 깎기 위해 흥정을 한다. 어떤 고객은 종이쪽지에 구입할 물품들을 적어 와서 알뜰하게 사기도 한다. 필요 없는 낭비를 줄이기 위해서일 것이다.

이처럼 시장에 있는 무수한 제품마다 가격이 다 다르고 파는 상인이나 사가는 고객들은 자기 이익을 위해 최선을 다하는 것이 장터의 일상이다. 상인이나 고객이나 허투루 행동하지 않고 신경을 쓰면서 물건들을 사고파는 데 열심이다. 더군다나 값비싼 몇백만 원짜리 물건을 사는 경우에는 한 곳에서 덥석 사는 것이 아니라 이곳저곳 가게를 다니며 가격이나 품질을 비교해 보고 사는 것이 보통이다.

이처럼 시장에는 물건마다 가격이 다 다르고 또 물건을 살 때도 가격이 싼 물건과 비싼 물건을 사는 마음가짐과 방법이 다를 수밖에 없다.

회사도 이익을 실현하기 위해 끊임없이 기술을 개발하고, 마케팅을 적극 활용하여 제품이 활발하게 판매될 수 있는 방법을 고심한다. 이는 효과적인 성과를 내기 위한 결정이며, 그러한 결정을 연속하여 실행하는 것이 바로 회사다. 그렇기에 회사에서 하는 일도 큰 일과 작은 일이 있기 마련이며 이를 구별하여 최대의 성과를 내기 위한 끊임없는 전략적 고민의 과정이 필요한 것이다.

내가 하는 일상 업무가 회사의 이익 / 손실과 직결된다

시장에 있는 물건마다 다 가격이 다르듯 우리가 하는 일도 모두 똑같은 값어치의 일이 아니다. 사소한 업무도 있는 반면, 어떤 일은 회사에 커다란 영향을 끼치기도 한다. 중요한 일의 경우에는 잘될 경우 회사에 큰 이익을 가져오지만 잘못되거나 비효율적인 방법으로 처리하게 되면 회사에 막대한 비용이 발생하고 커다란 손실을 가져올 수 있다. 그러므로 업무를 할 땐 그저 '처리해 낸다'는 생각으로 해서는 안 된다. "잘되면 좋고 안 되면 어쩔 수 없고"식으로 일을 대충대충 하거나 "귀찮아 죽겠네, 뭐 잘못된다 해도 내 돈 들어가는 거 아니니까"처럼 무책임하게 일하는 것은 회사에 몸 담고 있는 사람으로서 취할 태도가 아니다.

만약 당신이 몇 년간 모은 적금으로 새 차를 산다고 가정해 보자. 한 번 사면 수년을 타야 할 자동차를 고민 없이 사는 사람이 몇이나 되겠는가? 선호하는 브랜드, 차종, 컬러, 스펙 등을 면밀히 비교하지 않겠는가? 이처럼 내 물건을 사듯이 자기의 업무에 대해서 심사숙고하여 조금이라도 회사에 이익을 가져올 수 있도록 최선을 다해야 한다. 그러므로 "내가 하는 이 일이 곧 돈이다"는 생각으로 일을 해야 한다. 직원 모두가 이런 자세로 일을 계획하고 실행을 해야 회사가 성장하지 않겠는가?

한번은 현장관리부서의 팀장이 출장 계획서를 결재받으러 왔다. 내일은 OO군에 가고, 모레는 바로 인접해 있는 OO시로 출장 가겠다고 한다.

"김 팀장, 출장을 하루에 몰아서 가지, 이렇게 발주처에서 오란다고 계획 없이 가면 쓰겠어? 회사 입장에서 보면 비용과 시간 낭비야. 발주처에 전화해서 미팅 날짜를 조정해 달라고 해. 그리고 꼭 직접 가야겠어? 전화로 해결하면 안 돼? 정 직접 만나 협의하자고 하면 직접 가지 말고 그 지역에 있는 현장소장을 대신 보내면 안 되겠냐고 교섭이라도 먼저 해보게."

출장은 회사 입장에서 보면 비용이 발생하는 일이자 시간 누수가 심한 일이다. 직원이 자리를 비움으로써 해야 할 일이 그만큼 미뤄지기 때문이다. 웬만하면 직접 가지 않고 해결할 방도를 찾고, 아니면 최소한 두 번 갈 것을 한 번에 몰아서 가는 것이 좋다. 일부 직원들은 출장을 머리 식힐 겸 놀러 가는 것이라 여기는 경우가 있지만 이것은 잘못된 생각이라는 것을 기억해야 한다.

실행 예산을 세우는 일 역시 마찬가지이다. 건설업의 경우 현장이 생기면 착공하기 전에 제일 먼저 할 일이 수주한 계약금액에서 실제 사용할 실행 예산을 편성하는 것이다. 그래서 준공 때까지 그 실행금액 내에서 집행하도록 하는 것이다. 어느 회사나 현장의 실행 예산을 내실 있게 편성해야 한다. 그래야 계약금액에서 실행 예산을 쓰고 남는 이익이 크기 때문이다. 우리 회사도 실행 예산을 넉넉히 편성해 주지는 않는다. 실력 있는 현장소장이 효율적으로 시공을 해야 지켜낼 수 있을 정도의 실행 예산을 편성해 준다. 때로는 그것을 지키지 못하는 경우도 있다. 대신 지켜내지 못할 합당한 사유가 있거나 실행 예산을 약간 초과한 경우에는 이해해 준다. 높은 목표치를 설정한다는 것은 독려의 의미도 있고, 또 현장소장의 실력을 가늠해 볼 수 있는 좋은 기회도 되기 때문이다.

그런데 통상 실행 예산을 작성하여 보고할 때는 너무 많은 금액을 책정하여 올린다. 그러면 나는 두말 않고 반려한다.

"이렇게 실행 예산을 주어서는 안 돼. 통상적인 목표치로 맞추어 다시 만들어 와."

이런 식으로 두세 번 반복하면 "회장님, 정말로 그 정도로 실행 예산을 낮추기 어렵습니다" 하고 난색을 표하지만 결국에는 목표에 걸맞은 방안을 찾아온다.

원가절감 방책을 강구해 오라고 할 때도 마찬가지이다. 직원들은 보통 원가 구성의 비율이 적고 손쉬운 분야에서부터 손을 대기 때문에 원가에서 큰 차이가 없는 보고서를 만들어 온다. 원가절감이 어렵다는 변명 아닌 변명도 덧붙인다. 이때도 나는 두말 않고 서류를 반려한다.

"원가 구성 비율이 큰 분야부터 작은 분야까지 쭉 열거한 다음에, 큰 분야에서 절감 방안을 만들어 와. 원가절감을 한다는 것은 과거 습성과의 단절이야. 고통이 따를 수밖에 없어."

이렇게 두세 번 반복하다 보면 직원들은 고심하여 원가를 절감할 수 있는 방법을 찾아오기 마련이다.

회사에서 이루어지는 모든 의사 결정과 행동은 전부 돈과 직결되어 있다. 그래서 일은 곧 돈이다. 그러므로 일을 할 때마다 내가 하고 있는 이 일은 얼마짜리 일인가 하고 생각하는 습관을 가져야 한다.

우리의 의사 결정이나 행동 여하에 따라 이익이 발생하기도 하고 손실이 생기기도 한다. 말할 것도 없이 크고 중요한 일일수록 손익이 크게 발생한다. 그러므로 중요도가 높은 일일수록 더 고민해야 한다. 경영자 역시 자신의 책임이 막중하다는 것을 늘 상기하며, 직원들이 중요한 일에 더 많은 시간과 노력을 집중할 수 있도록 업무 자세를 독려하고 소명을 불어 넣어주어야 한다.

시장에 있는 물건마다 가격이 다 다르듯이 회사에서 행하는 의사 결정과 행동도 다 다르며 이것의 중요도에 따라 회사에 미치는 영향도 다르다. 크고 중요한 일일수록 높은 비용이 발생하거나 큰 이익을 가져올 수 있다. 그러므로 우리는 '일이란 곧 돈이다'란 생각으로, 일을 할 때마다 자기 일처럼 신중하게 처리해야 한다.

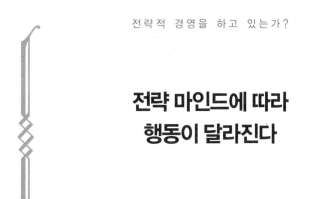

전략 마인드에 따라
행동이 달라진다

사람은 누구나 세상을 살아가면서 세 번의 중요한 전환점을 맞이한다고 한다.

'무슨 전공을 택하였는가?', '무슨 직업을 택하였는가?', '누구와 결혼을 하였는가?'

이 세 가지의 선택에 따라 인생의 방향과 삶의 흐름이 정해진다고 할 수 있다. 살다 보면 꼭 그런 것은 아니란 생각이 들면서도, 맞는 말인 것 같기도 하다.

미국에 이민 가는 사람들의 이야기를 들어 보면 "공항에 마중 나온 사람에 따라 이민자의 직업이 정해진다"라고들 한다. 낯선 곳에서 정착하기 위해서는 친한 사람의 조언을 들을 수밖에 없기 때문이다.

나도 돌이켜 보면 마치 어떤 운명에 끌려온 것처럼 세상을 살아온 것 같다. 그렇다면 중요한 일이 생길 때마다 그 갈림길에서 나는 전략적으로 옳은 판단을 잘 내렸을까?

인생의 갈래 길, 어떤 선택을 할 것인가?

내 인생도 크게 봐서 세 줄기의 삶을 살아왔다고 볼 수 있다.

첫 번째는 학생운동과 시민운동의 삶이다. 정의감에 불타 15년 정도 뜨거운 삶을 살아왔다. 시민운동이란 도덕성이 생명이다. 그러므로 경제적 자립을 위해 회원들의 깨끗한 회비를 중심으로 운영되어야 하고 권력과 이익단체로부터 떨어져 있어야 한다. 시민과 정의의 편에 서 있어야지 자기의 이익과 영달을 바라서는 안 된다. 시민운동이 직업이 되어서 시민운동을 위한 운동을 찾아다녀서도 안 될 일이다. 자기의 본업을 충실히 하면서도 시민운동을 할 수 있어야 하고 그래야 떳떳하다. 그래서인지 한국 최초의 전국시민운동인 "경제정의실천시민연합(경실련)"의 창설 멤버로 뛰었다는 것은 제법 보람 있게 느껴지는 일이다.

두 번째는 동아건설과 일우공영 / 드림랜드에서 8년간의 직장 생활을 한 것과 28년 동안 영위해 오고 있는 기업인으로서의 사업의 길이다. 긴 세월의 두 번째의 삶을 살면서 이를 헤쳐나가기 위해 노력하고 부딪치면서 살아온 삶의 고비가 가장 힘들었다. 그런 고비가 찾아올 때마다 어떤 생각으로 살아왔는지, 그래서 어느 길을 선택했고, 보람 있었는지, 또한 전략적 판단은 어떠했는지를 몇 가지 사례를 들어 함께 나누고자 한다.

행정고시를 접은 후 결혼하고서 미국 유학의 길을 떠났고, 사업을 하고 싶어서 경영학을 전공했다. 한국으로 돌아와선 동아건설에 경력사원으로 첫 직장 생활을 시작했지만 이때부터 이미 마음속에는 사업의 기운이 강하게 자리 잡고 있었다. 그래서 내가 사업을 하고 있다는 심정으로 정말로 열심히 실무를 빠짐없이 익히기 시작했다. 그룹 회장의 신년사는 무슨 내용을 담고 있는지, 이 신년사에서 담당 임원은 어떻게 시행할 정책을 뽑아내야 하고 부서까지의 집행 과정은 어떠해야 하는지, 전체 흐름을 따라가면서 회사의 큰 맥을 잡으려 애썼다.

회사의 1월 1일부터 12월 31일까지 각 부서별로 어떤 과제가 어떻게 입안되고 실행하고 평가되는지, 각 부서의 업무와 협조 관계를 세밀하게 관찰했다. 신임 부서장이 오면 첫 회의의 모두 발언부터 기침소리까지 빠짐없이 기입하면서 부서장은 어떻게 시작하고 이에 따른 부서원들의 마음은 어떠한지를 관찰했다. 이런 식으로 "내가 회장이라면? 내가 부서장이라면?", "이렇게 결과가 나오는데 더 좋은 방법은 없을까?" 등등 하는 일마다 들여다보고 메모하면서 일을 배워나갔다. 다행히 본사의 기획공정부와 공사부에서 근무하고 있었기에 모든 서류가 내가 있는 부서로 모여 일을 폭넓게 배울 수 있었다. 특히 "내가 회장이라면 그룹을 어떻게 운영해야 좋을까?"를 나 자신에게 질문하면서 전체를 보는 시각, 체계적인 안목을 익히도록 애썼다.

지금은 나 스스로 일찍이 갈고닦았던 이런 업무 자세를 우리 직원들도 마음속에 새겨 일을 해야 한다고 자꾸 일깨워 준다. '내가 경영자라면?', '내가 상사의 자리에 있다면?'을 생각하며 평상시에 자기 직급의 하나 혹은 두 개 위의 상사 업무를 들여다보고 익히라고 권한다. 그렇게 미리 준비해 두는 사람한테는 승진의 기회가 오는 것이며 그런 기회가 왔을 때 능력을 충분히 발휘할 수 있는 것이라고 일러준다.

동아건설에 근무하고 있을 때 어느 날 장모님이 집에 오셨다.

"민 서방, 뭐 하러 남의 회사에 다니는가? 장인 회사에 와서 일해야 하지 않겠어?"

사실 처가의 모기업이 '일우공영'이라는 건설회사였고, '드림랜드'라는 우리나라 제1호인 종합레저회사를 위시한 5개의 회사가 있었다. 전부터 몇 차례 회사로 들어오라는 전갈이 있었지만, 한번 들어가면 나오기 어려울 것 같고 상황이 되면 언젠가 직접 내 사업을 하고 싶어서 사양해 왔다. 그러나 이번에는 회사로 들어오라는 게 장인어른의 간곡한 뜻이었다. 며칠을 고민하다가 다른 관점에서 생각해 보았다. 그리고 결심했다.

"그래, 내가 사업을 하고 싶다고 하지만 몇 년 안에 여건이 갖추어질지 알 수 없어. 그럴 바에는 차라리 내 사업을 한다고 생각하고 들어가자. 여기에는 모든 사업 여건이 갖춰져 있잖아? 이 여건으로 능력을 발휘하여 사업을 키우자. 사업이 커지면 보람도 있고 당연히 대가도 생길 테니까."

생각이 바뀌자 모든 것이 긍정적으로 변했다. 그러면서 스스로 한 가지 더 다짐을 했다.

"들어간 이상 어떤 어려운 일이 생기더라도 세 번은 무조건 참고 견디자. 세 번도 참고 견디지 못하면 사람도 아니다. 네 번은 참지 않아도 된다. 그러면 그때 그만두더라도 후회는 남지 않을 것이다."

이렇게 하여 '일우공영'에 입사하게 되었다.

이미지보다 내실을 중시하는 선택이 미래를 바꾼다

출근 첫날 회장님으로부터 전갈이 왔다.

"무슨 직급을 원하나? 어느 부서에서 일하고 싶나?"

"낙하산 인사라고 대접받을 생각 조금도 없습니다. 제 연차 경력에 맞춰 차장이면 됩니다. 그리고 지금 회사에서 제일 크고 어려운 현장으로 보내주십시오. 거기서부터 시작하겠습니다. 제 실력으로 올라가겠습니다."

그러고 나서 나는 곧바로 리조트콘도 신축현장으로 달려갔다.

회장님이신 장인어른도 나의 이런 태도에 깜짝 놀란 모습이었다. 여느 자식처럼 편하고 대접받는 자리를 원할 줄 알았나 보다. 나중에 다른 사람한테 들으니 "요놈 보게, 물건이네" 했더란다.

그렇게 1년 반 동안 모범과 성과를 보인다는 결심으로 현장에서 열심히 일만 했다. 구정 때도 다른 직원들한테는 고향을 가라 하고 당번을 자청하여 현장을 지켰다. 어머님 임종의 기별이 왔지만 부지 밑바닥 기초의 레미콘 타설은 하자가 발생하기 쉬워 끊어 칠 수 없기에 한꺼번에 아침부터 저녁까지 통으로 쳐서 마치고 출발하느라 결국 임종도 지켜보지 못한 죄인이 되고 말았다. 지금 생각하면 특별히 아껴주시던 어머님의 임종마저 이렇게 했어야 했나 후회가 된다. 아들이 언제 오나 하고 두리번거리시다 운명하셨을 어머님을 생각하면 목이 메고 또 메어 평생의 한이 되었다. 그렇게 지독한 책임감과 능력을 보여주겠다는 오기로 일을 하여 최고의 수익을 내고 무사히 본사로 복귀하였다.

그 이후에는 1년에 한 번꼴로 부서를 옮겨 다녔다. 현장관리 담당 이사, 업무 담당 이사, 드림랜드 영업이사, 그다음에는 모든 회사를 총괄

하는 기획실장을 맡았다. 그만큼 성과를 내었기에 회사가 필요한 부서로 옮겨 다녀야 했다. 생소한 새로운 부서를 맡을 때마다 나의 목표는 "전임자의 실적보다 무조건 좋아야 한다"였다. 그리고 발령받으면 대기업에 다니는 지인들을 찾아가서 밥 사주고 술 사주면서 관련 업무를 철저히 배워왔다. 휴일 없이 열심히 뛴 결과 전임자보다 큰 성과를 내었다. 이때 일을 하면서 끊임없이 던진 질문은 '내가 회장이라면?'이었다. 내 사업을 하듯 업무를 하니 성과는 저절로 따라왔다.

기획실장으로 임명받았을 때는 기대도 컸지만 한편으로는 걱정도 되었다.

'어떻게 해야 하나?', '회사의 목표와 방향을 어떻게 잡지?', '이를 달성하기 위한 실천 계획은 무엇이지?'

일주일을 고민했다. 회장님의 호출이 있을까 봐 일부러 회장님을 피해 다녔다. 최종 계획이 준비되기 전에 대면하고 싶지 않았기 때문이다.

드디어 일주일 후 A4용지 한 장에 "기획실장으로서 회사를 이렇게 만들겠습니다"라는 내용을 담은 보고서를 만들어 결재를 받으러 갔다.

첫째, 회사 전체의 매출을 3년 후에 3,000억(1995년 기준)으로 올려 그룹 선포식을 하겠습니다.

둘째, 회사의 틀을 재정비하고 개혁을 단행하는 데 최소한의 기간인 1년 동안은 기획실장의 역할을 평가하지 말고 기다려주십시오.

셋째, 기득권의 반발이 틀림없이 심할 텐데 저를 음해하려는 모함이 있을 경우에는 일방적으로 판단하지 마시고 저에게 먼저 해명할 수 있는 소명권을 주십시오.

딱 이 세 가지 사항을 보고하며 결재 사인을 해달라고 했다. 앞으로

이 결재 사인으로 모든 판을 새로 짜고, 지시하고, 통제하고, 밀어붙여야 하기 때문이었다. 또한 어떤 일을 하더라도 정통성을 확보해서 '회장의 명에 의해서'라면서 추진할 수 있기 때문이기도 했다. 회장님은 흔쾌히 결재란에 사인을 해주셨다.

그렇게 시작하며 1차적으로 매월 경영평가회의를 도입했다. 회사별 매출 목표액을 주고, 목표 대비 실적의 달성 여부를 평가하도록 하고, 미달된 경우에는 원인과 대책에 대해서만 협의토록 했다. 그러다 보니 회사별 실적이 곧바로 나타나고 일부 실적 미달 사장이나 임원의 입지가 곤란해졌다.

결국 몇 달이 지나지 않아 사달이 벌어졌다. 회장이 갑자기 경영평가회의를 하지 않겠다고 한 것이다. 아마도 쫓겨나기 십상인 사장이나 임원이 나를 모함했으리라.

"꼭 이런 걸 해야겠어? 조직이 흔들리는데 이래서 되겠어?"

"회장님이 중심을 잡으셔야 합니다. 개혁을 하는 데 따르는 불가피한 성장통입니다. 능력 없는 임원들은 물러나야 합니다."

예상대로 사장과 임원들이 온갖 모함으로 회장을 불안하게 만든 것이다. 당초 기획실장으로서 회장님께 세 가지 건의를 드렸으나 지켜지지 않았다는 점에서 실망감이 컸다. 아니, 회사를 키울 의향이나 목표가 없는 것처럼 보였다. 나의 효용가치가 없어진 것만 같았다. 이제 내길을 가고 싶었다. 입사할 때 스스로 다짐했듯이 이미 세 번은 참았다. 시련과 역경을 참아낼 때마다 한강 고수부지에 가서 숨이 헉헉 막히도록 뛰고 또 뛰어 고꾸라질 때까지 뛰면서 "참자, 참자"하며 그렇게 세 번을 참아냈다.

'나의 목표와 역점 사업이 힘을 받지 못한다면 차라리 먼저 내 발로 스스로 그만두는 것이 명예로운 길이다. 이제는 할 만큼 했어. 후회는 없다. 더 이상 총알받이는 되지 않을 거야. 하늘에 태양은 두 개가 있을 수 없어.'

그 결심 후에 내가 먼저 사표를 써서 비서실에 갖다 주었다.

사표 제출 후, 4~5개월간의 계속된 출근 독려에도 스스로 "결국 이건 내 사업이 아니야" 하고 미련 없이 내 사업의 길로 뛰어들었다. 퇴직금 단돈 1,500만 원으로 어렵지만 떳떳한 내 사업의 길로 갔다. 누구의 지원도 받지 않고 미련 없이 사업의 길을 나선 것이다. 그러기에 언제나 누구에게라도 마음이 당당했다. 그렇게 이 사업의 길은 28년간 이어지고 있다.

세 번째는 정치의 길이다. 국회의원의 예비후보 출마 세 번과 본선 출마 두 번을 도전하였으나 뜻을 이루지 못했다. 아픔은 크지만 국가와 사회에 헌신하고픈 간절함은 누구에게도 뒤지지 않았다.

정치를 하고자 하는 사람은 먼저 수신제가(修身齊家)를 한 후에 치국평천하(治國平天下)를 해야 한다. 인품이나 능력이 부족한 사람이, 자기의 직업마저 제대로 없고 생계 유지도 어려워 가족의 동의와 지지도 못 받는 사람이 정치를 해서는 안 된다. 그런 사람들은 이권이나 탐욕에 눈이 먼 협잡꾼이나 정치꾼이 되기 쉽다. 잘못되면 패가망신의 신세가 될 수가 있다.

나는 오염되지 않는 깨끗한 정치인이 되고 싶었고, 동일 지역구의 3연임 금지를 위시한 각종 특권을 내려놓는 국회의원이 되고 싶었다. 규제 철폐의 전도사가 되고 싶었고, 전 국민이 주택과 토지를 활용하는 주택토지 연금법을 만들어 전 국민의 기본소득을 보장해 주는 데 앞장 서고 싶었다. 이론과 실무의 경제 전문가인 국회의원이 되어 민생 경제 와 부국 경제를 펴는 정치인이 되고 싶었다.

아직도 시장 바닥에 쪼그려 앉아 바지락 파는 아줌마에게 눈을 맞추 며 한 표라도 더 얻으려 했던 아내의 눈물겨운 모습이 눈에 선하여 미 안할 따름이다. 그럼에도 나의 지나온 삶에 후회는 없다. 늘 최선을 다 했기 때문이다.

이처럼 우리는 세상은 살아가면서 회사의 일이건 개인의 일이건 중 요한 갈림길을 만날 수밖에 없다. 세상을 살면서 누구라도 결단을 내려 야 하는 순간들이 있다. 이 순간들을 우리는 잘 헤쳐나가야 한다. 신중 하고 치밀하게 전략적 접근을 통해 연습 없는 인생에서 전략적이고 현 명한 판단으로 반드시 승리의 길로 가야 한다. 그래야만 삶의 끝에서 자신의 삶을 되돌아봤을 때 후회가 남지 않기 때문이다.

싱싱한 생선을 사오는 사람 vs 썩은 생선을 사오는 사람

제삿날, 엄마가 아들에게 제사상에 올릴 숭어 두 마리를 사오라고 심부름을 시켰다. 그러나 시장 어물전에는 숭어는 없고 고등어만 보였다. 아들은 빈손으로 집에 왔다.

"왜 빈손으로 왔어?"

"어물전에 갔더니 숭어는 없고 고등어만 있더라고요. 그래서 그냥 왔어요."

엄마는 이런 아들을 보고 답답함을 숨길 수 없었다.

제사상에 올릴 생선이 필요하다고 했음에도 빈손으로 오다니 말이 되는가? 숭어가 없으면 고등어라도 사왔어야 하는데 말이다. 말의 취지를 이해해야 하는데 들리는 대로만, 보이는 대로만 움직이는 아들을 보면서 엄마의 마음은 얼마나 답답했을까?

이런 융통성 없는 아들이라면 설사 숭어가 있었더라도 싱싱한지 제대로 보지도 않고 사오지 않았을까?

당신은 '어떤 생선'을 사오는 직원인가?

똑같은 일을 시켜도 어떤 직원은 일을 제대로 처리하여 성과를 내는데 반해, 어떤 직원은 성과를 내지 못한다. 회사가 성과를 내는 직원들로 구성되어야 성장하는 것은 당연하다.

재건축아파트를 준공한 뒤, 여러 달이 지난 후에 하자보수를 해달라고 공문이 날아왔다. 시공을 했던 현장소장한테 확인해 보니 몇 가지 경미한 하자는 우리 책임이 맞으나, 대부분은 사용상 부주의로 생긴 고장이거나 준공 때 정해진 제품 대신 입주민이 다른 옵션으로 교체해 달라고 요구해서 생긴 문제였다. 시공에 대한 책임은 입주민에게 있고, 문제가 생겨도 문제 삼지 않겠다는 서류도 있어서 하자보수를 해줄 필요가 전혀 없었다. 그래서 해당 현장소장이 그 당시 조합장을 찾아가서 자초지종을 설명했다. 그러나 조합장은 그럴 리 없다면서 며칠 안으로 해결해 주지 않으면 소송하겠다고 야단법석이었다. 짐작건대, 조합장으로서 입주민의 항의를 무시할 수 없었던 데다가, 곧 회사에서 주민의 동의를 받아 하자 예치금을 수령하게 되는데, 아마도 주민들에게 그 예치금을 주지 않으려는 심보인 것 같았다. 이런 식으로 사실 하자 예치금 수령 문제로 분쟁이 발생하는 경우가 상당히 많다. 그렇다고 몇천만 원이나 드는 하자보수를 해줄 수는 없는 일이다. 물론 증거 서류가 있어 소송엔 유리할 테지만 여러 가지로 귀찮기도 하고, 만약 판결이 입주민 쪽으로 기울 경우 생각보다 하자 비용이 더 나올 수도 있었다. 그래서 다시 현장소장을 보내서 잘 설득하고 협의를 해보라고 했다.

그런데 이번에는 악감정만 더 쌓여 온 게 아닌가. 혹 떼려다 혹 붙여 온 꼴이었다. 회사 이미지도 있어 조금씩 양보했으면 좋겠는데 조합장이 완강한 편이었다. 할 수 없이 사장인 아내를 보내기로 했다. 그러자 아내에게서 곧바로 연락이 왔다.

"문제 해결했어요. 당초 약속대로 소소한 하자들만 곧바로 수리해 주기로 하고 합의서를 써왔어요."

"아니, 어떻게 그렇게 쉽게 일격에 해결을 했소?"

"아파트에 도착해서 조합장 부인을 좀 보자고 했어요. 부인한테 상황을 설명했더니, 지금 남편이 주민들이랑 사이가 안 좋아 입장이 난처해서 억지 좀 부리는데 자기가 같이 가서 설명해 주겠다고 해서 쉽게 해결되었어요."

완고한 조합장이 아닌 조합장의 아내를 전략적으로 공략한 아내의 수완 덕분에 일을 무사히 해결한 사례다. 일을 해결하는 데는 늘 정공법만이 정답이 아니다. 재치와 수완으로도 얼마든지 복잡한 일을 해결할 수 있다.

나는 늘 직원들한테 말한다.

"책대로 법대로만 하지 마라. 법이나 책을 무시하라는 것이 아니라, 그걸 참조하되 그대로만 해서는 안 돼. 거기에다 전략과 슬기와 편법을 사용할 줄 알아야 해. 법도 책도 다 사람이 만든 것이고, 그렇기 때문에 또 사람이 그걸 바꿀 수 있는 거야."

"해결할 수 있는 방법을 찾아야지 무조건 열심히 한다고만 되는 거 아니야. 남들이 쓰지 못하는 전략을 찾아내야 해. 왜 같은 문제를 누구는 해결하고 누구는 해결을 못 하는 것인지 그걸 생각해 봐."

"리더는 모름지기 임무를 부여받았으면 어떤 방법으로든 성사시켜야 하는 것이야. 그게 능력이고 그래야 회사에서 대접을 받을 수 있을 거 아닌가?"

'싱싱한 생선'을 쏙쏙 골라올 수 있는 노하우

일을 무턱대고 열심히만 한다고 해서 성과가 나지 않는다. 리더는 다른 사람 뒤에 숨어서 적당히 자리보전을 하려 해서는 안 된다. 그럼 어떻게 해야 성과를 낼 수 있을까?

▸ 임무를 완수하고 말겠다는 열정과 투지가 있어야 한다.

▸ 목표와 방향을 잘 잡아야 한다.

▸ 명분이 앞서고 실리를 챙길 수 있어야 한다.

▸ 구체적이고 명확한 전략적 세부 실천 계획을 반드시 세워야 한다.

▸ 추진력과 실행력이 강해야 한다.

▸ 수완, 임기응변, 재치가 있어야 한다.

▸ 내부와 외부의 힘을 끌어올 수 있어야 한다.

▸ 되는 방법으로, 될 때까지, 끝까지 물고 늘어져 성과를 내야 한다.

이처럼 구체적이고 명확한 계획으로 기필코 성과를 내고 말겠다는 리더로서의 자긍심과 책임을 가지고 일에 임해야 한다. 회사의 성장은 이러한 마음자세와 의지를 가진 리더에 의해 이루어진다.

이를 바탕으로 나는 금년의 경영 목표를 수정했다. 예년의 기능적 분류로 된 목표를 버리고, 보다 실천의지가 담긴 전략적 목표를 세워서 직원들을 독려하고 있다.

▶ *상책으로*

▶ *타이밍에 맞추어*

▶ *될 때까지*

▶ *기필코 임무를 완수하자.*

직원들 각자가 실력을 갈고닦아 성과를 내는 사람이 되어 자기 분야의 일인자가 되어야 한다. 그게 자기만이 가지고 있는 자기의 핵심 역량이다. 어떤 일을 하더라도 무턱대고 하지 말고 전략적 판단에 의해 일을 하자. 그리고 기필코 성과를 내겠다는 결심으로 일해보자. 왜 똑같이 어물전을 한 바퀴 돌았는데 누구는 싱싱한 생선을 사오고 누구는 썩은 생선을 사오는가? 맡은 바 임무를 충실히 수행하겠다는 결심을 바탕으로 어떻게 해야 성과를 내는지 고민하지 않는다면 좋은 결과를 낼 수 없다는 것을 기억하자.

PART 6

능력 개발에
최선을
다하고 있는가?

핵심 역량, 경쟁력

아무튼, 실력

회사는 사람을 필요로 한다. 단순히 일상 업무만을 시키는 대로 하는 사람이 아니라, 성과를 내는 인간미 있고 실력이 있는 인재를 필요로 한다.

나는 간부급 주간회의를 할 때나 직원회의를 할 때는 회의를 시작하기 전에 20분 정도 '모두발언'을 한다. 이를 통해서 '우리들이 직장 생활을 잘하기 위해서는 어떤 인품과 자세를 가져야 하는지, 또 자기가 맡은 업무를 제대로 하기 위해서는 무엇을 갖추어야 하고 어떤 태도로 업무에 임해야 하는지'에 대해 이야기를 해준다.

대부분 알고 있는 내용일 테지만 한 번 더 일깨워 준다는 뜻도 있고, 무엇보다도 알고 있는 것을 자기 업무에 활용하기를 바라서이다. 그저 알고 있으면서 실생활에 활용하지 못하면 '죽은 지식'이 아니겠는가?

나는 철학적으로 공중에 떠 있는 듯한 듣기만 좋고 그럴듯한 말들보다는 분명하고 실체가 있는 실사구시적 말들을 좋아한다. 그래서 '언행일치', '살아 있는 지식', '써먹는 지식'을 강조한다.

나는 직장에 다니면서 다른 사람들보다 빨리 진급이 되기도 했고, 또한 새로운 부서로 자주 옮겨 다니다 보니 업무를 빨리 습득해야 하고 성과를 내야만 했다. 그래서 '전임자보다 성과를 더 낸다'는 목표를 정하고 일을 해나갔다. 때로는 더 큰 회사에 다니는 지인을 찾아가서 해당 일을 배워오기도 했고, 확실한 포지션과 자존심을 지키기 위해서 실력 연마에 몰두했다.

처음으로 현장 근무를 관리자의 총책임자인 총무직책으로 갔을 때 일이다. 막상 현장 근무를 시작해 보니 지인한테 찾아가서 현장의 특성과 특기사항 그리고 각 부서의 업무 내용과 통제 방법 등에 대해 배워간 것이 실제 근무와는 많이 달랐다. 그래서 노트 하나를 구입하여 '현장 부서별 현황 및 문제점과 개선책'이라는 내용으로 노트를 만들어 일기 쓰듯 나름대로 적어나가기 시작했다. 일이 진행되고 문제가 발생할 때마다 기입하면서 분석하고 대처해 나간 것이다.

각 부서별로 잘되는 내용, 잘 안 되는 내용, 부정이 저질러지는 원인과 재발 방지 대책 등 특이한 경우들을 빠짐없이 기입하고 배워나갔다. 그렇게 치밀하고 분석적으로 사례를 곁들여 적으면서 배워나갔기에 첫 현장이었지만 다른 사람들이 몇 개의 현장을 경험한 것 같은 혜안을 가질 수 있었다. 그리고 본사에 와서는 그 노트를 부하 직원들을 가르치는 좋은 현장 학습용 교재로 활용했다.

실력이 모든 걸 말한다

그렇다면 어떻게 하면 업무 실력을 향상시킬 수 있을까?

실력은 거저 생기는 것이 아니라 피나는 노력을 통해서 얻어진다. 그렇게 얻은 실력을 통해 성과를 내면 회사는 성과를 내는 훌륭한 인재를 절대 버리지 않는 법이다. 그러므로 자신의 실력을 쌓기 위하여 각고의 힘을 쏟아야 한다. 한번 쌓은 실력은 누가 빼앗아 갈 수도 없고 또 어디 가서도 평생을 써먹을 수 있다.

우리가 새로운 노래 하나를 배울 때 어떻게 하는가? 나는 우선 마음에 드는 노래 하나를 선정한다. 그러고선 수십 번 노래를 반복해 들으며 박자와 높낮이, 리듬을 익힌다. 어느 정도 박자를 익혔다고 생각되면 그다음에는 가사를 외운다.

이제 어느 정도 부를 수 있겠다 싶으면 원래 곡보다 반 템포 늦게 불러본다. 그다음에는 원래 곡보다 반 템포 먼저 선창하여 불러본다. 그런 다음에는 드디어 혼자 할 수 있을 것 같을 때 원곡 없이 혼자 웅얼웅얼 불러본다.

그런데 생각보다 안 될 때는 다시 위의 과정을 반복한다. 또다시 반복하고 또 반복하면서 백여 번쯤 연습하면 익숙해진다. 그러나 이 상태로 여러 사람 앞에서 용기 내어 불러서는 낭패 보기 십상이다. 그래서 노래방 가서 몇 번을 익혀야 드디어 내 노래가 된다.

나의 노래 배우기는 이런 어려운 과정을 거친다. 이 정도는 해야 겨우

내 노래가 된다. 노래마저 이러할진대 인재가 될 정도의 실력을 갖추려면 얼마나 많은 노력을 해야 하겠는가? 세상에 공짜는 없는 법이다.

그렇다면 회사가 원하는 인재가 되기 위해서는 어떻게 해야 할까?

1. 업무에 임하는 목적이 분명하고, 의욕과 열정이 있어야 하며, 올바른 자세와 자신감을 갖춰야 한다.
2. 그릇, 생각, 목표가 커야 한다.
3. 인간성(성실, 정직, 겸손, 정의, 배려, 협력, 적응, 사교)이 실력에 덧칠해져야 한다.
4. 독서, 다양한 경험을 축적하여 재치와 임기응변이 자연스럽게 나오도록 한다.
5. 긍정적 사고, 적극적 사고, 자발적 사고, 문제 해결적 사고, 현장 밀착적 사고를 가져야 한다.
6. 이슈마다 '왜?'라고 질문하고 의심해 본다.
7. 멘토를 두어 폭넓게 배운다.
8. 자기 분야에서만은 회사에 없어서는 안 될 전문가가 된다.
9. 먼저 모방하고 다음에는 창의력을 기른다.
10. 회사에 필요한 맞춤형 인재, 멀티형 인재가 된다.
11. 일을 완료한 후에는 꼭 사례연구(Case Study)를 하고 교훈을 얻는다.
12. 자기 직급보다 하나 혹은 둘의 상위 직급 업무를 준비한다.
13. 리더십을 기른다.

삼성그룹의 이건희 회장은 "좋은 인재 한 명이 10만 명을 먹여 살릴 수 있다"고 했고, 마이크로소프트의 창업자 빌게이츠는 "핵심 인재 30

명이 없었다면 오늘날의 마이크로소프트는 없었다"고 말하며 인재의 중요성을 강조했다. 현대그룹 창업주인 정주영 회장 역시 "일단 해봐. 해보지도 않고서 안 된다 하지 마. 물러서지 말고 덤비는 인재가 되라"고 독려했다.

이처럼 인재는 회사를 살린다. A급 직원들이 A급 회사를 만들고, C급 직원들은 C급 회사를 만드는 법이다. 그러므로 회사에서 대접받는 실력을 길러야 한다. 실력은 자기의 것이다. 다른 사람이 훔쳐갈 수도 없으며, 실력만이 자기를 지켜준다는 것을 기억하라. 그러니 시간을 허투루 보내지 말고 실력 연마에 피와 땀을 쏟기를 바란다. 그러면 지금의 '나'가 1년 후에는 실력 있는 다른 '나'로 변해 있을 것이다.

회사 역시 이러한 인재를 키울 수 있도록 애써야 하며, 인재를 키우고 확보하기 위해 노력해야 한다.

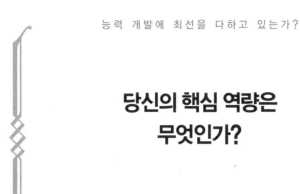

당신의 핵심 역량은
무엇인가?

회사나 사람이나 다른 회사 혹은 사람과 비교했을 때 우월하고 차별화된 무언가가 있어야 경쟁에서 이길 수 있다. 우리는 이 무언가를 그회사나 사람의 핵심 역량이라고 말한다.

도심의 주요 거리나 사무실 밀집 지역 혹은 대학교 교내에는 빠짐없이 커피숍이 있다. 커피 맛에 크게 감흥이 없는 사람 입장에서는 무슨커피숍이 이리도 많을까 싶다. 그런데 수많은 커피숍 중에서도 '스타벅스'에는 유난히 사람이 많다. 커피 한 잔이 웬만한 점심 가격인데도 말이다. 더군다나 커튼도 없어서 지나가는 사람들이 다 볼 수 있는데도일부러 창가 쪽에 사람들이 앉는다. 왜 그럴까? 세계에서 가장 유명한스타벅스 커피를 마신다는 자부심, '나는 이 정도 비싼 커피를 마시는 사람이다'라는 일종의 자랑, 혹은 소속감 때문이라고 생각한다. 이렇게 스타벅스는 다른 커피숍과 다른 자부심과 긍지의 커피문화를 만들어 냈다.

그렇지만 가장 중요한 것은 까다로운 손님들에게 인정받는 커피 맛일 것이다. 스타벅스에서 근무하는 파트너들은 지정 교육장에서 일정 시간 동안 파트너 교육을 받는다. 이론 공부 및 음료 만드는 법, 카운터 보는 법, 위생 교육 등을 배운 뒤 현장에 투입되어 감을 익힌다. 누가 만들더라도 일정한 맛을 유지하는 비결은 바로 파트너의 훈련에서 나온다. 그래서 스타벅스는 다른 커피숍과 달리 영업이 잘되는 것이다.

나폴레옹의 군대는 상대방 군대보다 빠른 속도로 이동하여 영국을 제외한 전 유럽을 장악할 수 있었고, 칭기즈칸은 빠른 말을 이용한 기마병으로 세계에서 가장 넓은 영토를 점령할 수 있었다. 스타벅스는 초기에 들어오는 돈을 모두 점포를 개설하는 데 집중하여 사용함으로써 시장 점유율을 높이는 데 총력을 쏟았고, 홍보력을 강화하여서 소비자 신뢰를 얻는 등 규모의 경제를 만들어 제1의 커피 사업을 이룰 수 있었다.

위의 사례들을 보면 모두가 다른 경쟁업체에 비해 우위를 차지하는 역량이 있다. 이런 핵심 역량이 있어서 상대방을 이길 수 있었다. 이런 핵심 역량을 갖추기 위해서는 다음의 속성을 지니고 있어야 한다.

- *가치*
- *희소성*
- *대체 자원의 부재*
- **불완전한 모방 혹은 모방 불가능성**

회사가 지속 가능한 우위를 지켜내기 위해서는 이러한 핵심 역량을 찾아내야 하고 또한 이를 가지고 경쟁업체를 방어해야 할 것이다.

내가 없어서는 안 되는 '분야'를 만들기

한번은 현장의 하도업체 인부들이 계약 내용과 달리 돈을 더 달라며 술을 마시고 본사 사무실에 와서 소란을 피웠다. 직원들이 쩔쩔매고 있는 사이, 회사에 충성심이 많은 박 부장이 나섰다.

"왜 사무실에 와서 행패요? 회사는 계약서대로 다 했는데! 지금 싸워보자는 거요? 당신들 사장보고 직접 오라고 해요. 당장 여기서 안 나가면 경찰서에 신고해서 집어넣을 거요!"

덩치만큼 목소리가 큰 박 부장의 일격에 단번에 소란이 정리되었다. 그 이후로는 비슷한 일이 생기면 "박 부장 어디 갔어? 빨리 오라고 해!" 하면서 박 부장만 찾는다.

회사를 운영하다 보면 다양한 능력을 가진 직원들을 만난다. 영업을 특별히 잘하는 직원, 공장 기계가 고장 나면 척척 해결해 내는 직원, 제품 개발에 기발한 아이디어를 내는 직원 등등 말이다. 회사에서는 어느 분야에건 없어서는 안 될 직원을 필요로 한다. 그 직원만이 문제를 해결할 수 있기에 문제가 생길 때마다 찾을 수밖에 없다. 다른 직원이 그 일을 배우고 해내려면 많은 시간과 비용과 노력이 필요하다. 이것이 바로 그 직원의 핵심 능력이다.

직원들은 누구나 자기만의 이런 핵심 역량을 가지고 있어야 한다. 그 사람만의 역량을 가진 직원은 경쟁사에서 모시고 가려고 하는 것처럼 핵심 역량의 유무는 개인에게 무척 중요하다. 그러므로 이런 핵심 역량을 발굴하고 반드시 자기 것으로 만들어야 한다. 그렇다면 핵심 역량을 갖춘 직원이 되려면 어떻게 해야 할까?

- ▶ 자기 분야에 정통한 실력을 갖춘 전문가여야 한다.
- ▶ 오로지(Only, Unique) 자기만이 그런 역량을 가지고 있어야 한다.
- ▶ 자기 아니면 다른 사람이 이 일을 해내지 못할 역량을 갖추어야 한다.
- ▶ 다른 사람이 쉽게 모방하거나 따라올 수 없는 역량이어야 한다.

사원들은 위의 네 가지 요소를 갖춘 직원이 되도록 노력해야 한다. 독보적인 역량이 있어야 회사에서 자기의 포지션도 강화되는 것이다.

회사에서도 직원들이 이런 중요한 핵심 역량을 키우도록 지원해 주고 교육과 훈련을 통해서 발전시켜 주도록 해야 한다. 직원들 역시 핵심 역량을 갖추도록 능력을 개발하는 데 혼신의 노력을 기울여야 한다. 핵심 역량이 자기 포지션을 강화해 줄 뿐만 아니라 회사의 지속적인 성장을 가능케 해주기 때문이다. 핵심 역량은 꺼지지 않는 등불이다.

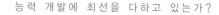

상사는 '싸움'이 아닌
'배움'의 상대다

동아건설에서 일할 때의 일이다. 평상시에는 가끔 요령도 피우고 얼렁뚱땅 일을 하지만, 인사고과를 평가하는 달에는 근무시간도 철저히 지키고 상사에게 아부하며 눈치껏 잘 처신하는 사람이 있었다. 그러다가 인사고과 달이 지나면 또 이전처럼 대충 근무를 한다. 그렇다고 해서 그 사람 때문에 부서의 업무가 지연되거나 곤란해진 적은 한 번도 없었다. 그만큼 능력과 수완이 좋은 사람이었다. 나는 그 사람을 보며참 눈치 빠른 친구라고 생각했다. 나중에는 회사를 다니며 어려운 기술사 자격증을 두 개나 취득하고, 또 주경야독으로 박사학위까지 받았다. 회사 업무는 대충 처리하는 것처럼 보여도 결과적으로는 자신에게 필요한 것을 챙기는 정말 능력 있는 사람이었다.

한번은 잘 아는 후배가 술자리에서 담당 임원이 자신을 팀장으로 추천하지 않아 억울하다고 하소연을 했다. 능력이나 성과, 나이로 봐서는 자신이 팀장이 되어야 하는데 다른 사람이 팀장이 되어 억울한 모양이었다. 그러나 나는 상사의 결정이 틀렸다고 생각하지 않았다. 상사는 부하 직원을 상대로 업무를 지시하고, 결재하고, 승진에 영향을 미칠 수 있는 권한이 있다. 비록 내가 무척 아끼는 후배이긴 하지만, 상사가 후배에게 억하심정이 있지 않는 이상 옳은 판단을 했을 거라 생각한다.

이렇듯 상사는 부하 직원을 편하게 대하며 일하기 좋은 근무 환경을 제공하기도 하지만, 때로는 불편함과 억압을 줄 수도 있다. 상사란 무릇 직장에서의 삶의 질을 좌우하는 결정권자이기도 하다. 그러므로 부하 직원은 상사가 어떤 타입인지 파악하여 호흡을 잘 맞추어야 한다.

부하 직원들이 따르는 유능한 상사의 조건

유능하고 손발이 잘 맞는 상사와 근무를 하는 것도 부하 직원에겐 커다란 복이다. 일을 제대로 배울 수 있는 기회이기도 하고, 함께 성과를 내는 보람을 주기도 하기 때문이다. 그렇다면 유능한 상사란 어떤 사람일까?

▶ 무슨 일을 해야 할 것인지 목표와 방향을 분명히 잡아주는 상사

▶ 어떻게 일을 해야 어긋남이 없는지 길잡이가 되어주는 상사

▶ 많은 경험과 능력으로 성과를 내는 상사

▶ 윗 라인과 옆 부서로부터 바람막이를 잘 해주는 상사

▸ 결단력과 추진력으로 일을 제대로 정리해 주는 상사

▸ 공과 사를 구별하고 잘 챙겨주며 배려를 해주는 상사

▸ 공은 부하에게 책임은 본인이 지는 상사

이런 훌륭한 인품을 갖추었을 뿐만 아니라 능력이 있는 상사와 함께 일을 하면 부하 직원은 많은 것을 배우고 성취감도 느끼게 될 것이다.

상급자들이 함께 일하고 싶은 부하 직원의 조건

매일 업무를 지시하고 보고를 받는 상사에게도 같이 일하고 싶은 부하 직원이 있기 마련인데, 이런 부하 직원은 어떤 유형인지 알아보자.

▸ 어렵고 힘든 일이라도 자청해서 하려는 적극적, 자발적인 부하

▸ 일을 긍정적으로 바라보고 받아들이는 부하

▸ 실력이 있거나 실력을 향상시키려 노력하는 부하

▸ 지시하면 성과를 내거나 성과를 내려고 애쓰는 부하

▸ 일을 똑소리 나게 처리하며 끊고 맺음이 분명한 부하

▸ 잘못할 경우에는 변명이나 남 탓을 하지 않고 책임을 지려는 부하

▸ 매너 있고 공손하며 예의를 지키는 부하

▸ 매사 답답하지 않고 시원시원하며 눈치와 요령이 있는 부하

▸ 다른 사람이나 자기의 부하 직원으로부터 인기를 얻으려 하기보다는 상사를 보호해 주려는 부하

간단히 말하면 좋은 부하란 잘난 체하지 않고, 잘 알지 못하는 것에 대해 알은체하지 않고, 모르는 게 있으면 즉시 물어보고, 난이도 높은 업무를 피하려 꾀부리지 않고, 일에 있어서 능동적이며 적극적인 자세를 보여주는 사람이다. 만약 상사가 보기에 부하 직원이 다소 부족하더라도 어떻게 해야 하는지 방법을 가르쳐주면서 따라올 수 있게 하는 인내심이 필요하다.

싸우지 말고 배우는 관계를 만들기

회사에서 좋은 상사와 좋은 부하가 만나서 함께 일을 한다면 얼마나 좋을까마는 현실은 그렇지 못한 경우가 많다. 그럴 때는 어떻게 하는 것이 현명한 방법일까?

현명하고 지혜로운 부하라면 불편한 상사와 만나 일을 하게 되더라도 불평하거나 싸워서는 안 된다. 상사와 싸우게 되면 그가 가진 권한 때문에라도 부하 직원은 상사와 관계가 불편해지거나 손해를 볼 수밖에 없다. 최악의 경우 힘든 업무에 배당되거나 심지어 사표를 내고 마는 사람도 보았다. 사표를 내고 다른 회사로 간다고 한들 그런 생각과 자세를 가지고 있다면 상사와의 불화는 피할 수 없다. 그러므로 상사와 싸우기보다는 현명하게 풀어나가는 방법을 익히는 것이 중요하다.

만약 상사와의 갈등이 심해진다면 상사에게 애로사항을 툭 털어놓아 관계를 원만하게 만들거나, 자신에게 부족한 면을 파악해 고칠 수 있도록 하고, 어렵더라도 상사의 스타일에 맞추도록 노력해야 한다. 부하의 입장에서 볼 때 아무리 볼품없는 상사라 하더라도 능력이 있으니 그 자리에 올라가지 않았겠는가? 그 점을 생각하며 장점을 배우려 하는 것이 속 편하고 현명한 방법이다. 그리고 이런 애로사항을 반면교사 삼아 자기 부하한테 그런 유형의 상사가 되지 않도록 처신하면 좋을 것이다.

직원들을 가만히 보면, 상사와의 관계는 원만히 하지 못하면서 동료, 혹은 부하 직원들과는 유난히 잘 지내려는 사람이 있다. 이것을 보스 기질이 있다고 착각하기 쉽지만, 이건 반항기 가득한 행동대장 스타일일 뿐이다. 진정한 보스라면 리더나 경영자가 된 다음에 그때 그런 행동을 취해야 한다.

상사는 싸움의 대상이 아니라 배워야 할 상대이다. 좋은 상사는 어떤 사람이고 좋은 부하는 어떤 사람인지를 곰곰이 생각해 보고, 관점과 입장을 바꾸어 보면서 배움의 기회로 삼는 현명한 선택을 해야 한다.

경영자는 직원들을 적재적소에 배치해야 하고, 주기적으로 이런 불상사가 있는지 점검해 볼 필요가 있다.

능력에도
등급이 있다

회사의 직원들이 가진 개개인의 능력은 동일할 수 없다. 중요한 것은 본인이 발전하고자 하는 의지가 있느냐 없느냐. 어떻게 하면 성과를 내는 직원이 될 수 있을지 고민해 보고 능력 개발에 매진해야 할 것이다.

나는 직원을 크게 세 부류로 분류한다. 상급 능력이 있는 직원을 A급이라 하고, 보통의 경우는 B급, 하급의 경우는 C급이라 칭한다. 그렇다면 어떤 기준으로 직원을 A급, B급, C급이라 볼 것인지, 또한 그들을 어떻게 다루어야 하는지에 대해 언급해 보고자 한다.

여름 장마가 끝나기 전, 최 상무가 하도급업체 대표들을 한번 소집해야겠다고 했다. 곧 휴가철이기도 하고 바쁠 텐데 군이 소집해야 할 필요가 있을까 하자, 최 상무가 제법 강경하게 말했다.

"작년 폭염 때 현장에서 안전사고가 여러 건 났지 않습니까? 금년에는 그런 일이 안 생기도록 미연에 특별대책을 세워야겠습니다."

최 상무는 즉시 하도급업체를 대상으로 폭염 대비 특별안전교육을 실시했고, 그 덕분에 전년도와 같은 사고는 발생하지 않았다.

코로나19가 전례 없이 세계적으로 기승을 부리는 요즘, 대기업을 중심으로 회사별 감염 예방 수칙을 엄수하고, 확산을 방지하고자 재택근무를 시행하고 있다. 심지어 의심 증상을 보이는 직원이 있으면 미리 자가격리부터 시키지 않는가? 만약 회사 내 감염자가 발생할 경우 회사를 일시 폐쇄하고 방역을 실시해야 하는 것은 물론, 전 직원을 자가격리시켜야 하는데, 이럴 경우 회사엔 큰 업무적 손실이 생긴다. 미연에 방지하는 이유는 이러한 손실을 줄이기 위해서다.

유통업계 역시 사전에 특별 대책을 세우기 위해서 노력한다. 대형 유통업계를 중심으로 매출 현황을 분석하여 소비 흐름과 고객의 취향에 따라 오프라인에서 온라인 유통으로 판매처를 옮기거나 매장의 개수와 크기를 조정하는 것이다. 소비 형태의 변화에 따른 사전 조치다. 뿐만 아니라 매출과 소비자 니즈에 맞춰 상품별로 생산을 확대할지, 축소할지 사전에 분석하여 대비하기도 한다.

우리가 자동차 보험이나 건강보험에 가입하는 이유도 갑작스럽게 사고가 발생하거나 건강에 이상이 생기면 막대한 손실과 고통이 따르기 때문이다. 이런 일을 미연에 방지하기 위하여 사전조치를 취하는 것이다.

그런데 위의 경우와 같이 일이 벌어지기 전에 조치를 해두는 사람이 있는가 하면 일어나지도 않은 일을 미리 걱정할 필요가 있느냐며 방치하는 사람도 있다. 어떤 경우가 더 현명한 처사일까?

당연히 일이 발생하지 않도록 사전에 대비하는 사람이다. 일이 벌어진 뒤에 수습하려면 회사 측에서는 적잖은 비용이 발생한다. 그러므로 적은 비용과 노력으로 사전에 대비하는 사람이 되어야 하지 않겠는가?

A급, B급, C급 직원이란?

A급 직원이라 하면 위의 예시처럼 어떤 일이 일어날지 미리 예측하여 예방을 하는 사람이다. 사전에 모든 경우의 수를 계산해 놓고 대비하기 때문에 실제로 문제가 발생하지 않을 확률이 높다. 설사 문제가 생긴다 하더라도 적은 비용과 노력으로 대처할 수 있도록 준비해 놓았기 때문에 막대한 비용과 손실을 막을 수 있다.

물론 일이 생기지 않으면 쓸데없는 수고를 들인 것이 되겠지만, 막상 문제가 발생했을 경우와 비교해 보면 훨씬 비용이 적게 들기 때문에 사전 조치에 들인 비용과 수고는 사소한 것이 된다. 이런 대처가 가능한 A급 직원은 회사의 이익이나 손실에도 자발적으로 조치를 취할 수 있는 능력과 예측력을 가지고 있는 사람이다. 물론 이런 사람이 효율적인 업무 처리와 성과를 내는 것은 말할 것도 없다. 회사는 이런 A급 직원이 많아지도록 만들어야 한다.

B급 직원은 A급 직원과 비교하여 스스로 사전에 예방조치를 취할 능력이나 식견은 없는 사람이다. 그러나 실제 일이 생기면 무엇을 어떻게 할지 알고 일사천리로 일을 문제없이 처리해 내는 사람이다. 그러기에

회사의 비용이나 손실을 최소화하는 사람이며 이 정도의 문제 해결 능력이나 추진력, 통솔력을 가지고 있는 사람이라면 회사에서 쓸모 있는 직원이라 할 수 있다. 직원들의 대다수가 최소한 B급 직원은 되어야 한다.

반면에 C급 직원이란 A급 직원처럼 사전에 예측하여 문제가 생기지 않도록 하는 능력도 없고, 또 B급 직원처럼 실제 일이 발생했을 때 제대로 뒷수습을 할 수도 없는 직원이다. C급 직원은 일이 터지면 어찌할 바를 모르고 허둥대면서 회사나 다른 사람 탓만 하거나 변명으로 일관하면서 회사에 손실을 크게 끼친다. 이런 사람은 어떻게 해야 일을 제대로 하는지 맥도 못 잡을 뿐만 아니라 불평불만만 하다가 문책이라도 당하면 억울해하기 마련이다. 이런 사람은 회사에 손실을 끼칠 뿐만 아니라 수습의 타이밍을 놓쳐 시간까지 허비하게 만드는, 그야말로 회사를 두 번 죽이는 직원이다.

A급 직원은 A급 직원끼리 잘 어울리고 같이 일하기를 원한다. 그러나 C급 직원은 C급 직원끼리 잘 어울리고 서로 이해한다. 무엇이 잘못인지를 모르고 자기가 하는 방법이 가장 좋은 것인 줄로만 알기 때문에 C급끼리는 서로 일을 잘한다고 착각하는 것이다. 회사에서는 이런 C급 직원을 특별 교화하거나, 아니면 대비책을 마련해 두어야 한다.

A, B, C급 직원은 문제가 발생한 사안에 대해 지적하거나 문책을 할 때도 확연히 차이가 난다.

A급 직원은 자기의 잘못으로 인정하며 교훈을 얻으려 하고 또 다음에 만회하기 위하여 최선을 다한다. 그러나 C급 직원은 잘못을 인정하

지 않고 변명거리부터 찾는다. 지적이나 문책을 받으면 핑계를 대거나 모르쇠로 일관한다. 자신이 대처한 방법이 잘못되었다면 그에 대한 지적이 당연하다고 생각해야 하고, 자신의 잘못을 시인해야 하는데 누가 옳고 그른지 분별할 줄 모른다. 옳고 그름의 잣대로 보지 않고 오로지 자기의 이익이나 편의를 우선으로 판단하는 사람이다. 나는 이런 잣대로 판단하는 사람을 소인배라 부른다.

그래서 C급 직원은 같이 일하기 불편한 사람이다. 가만히 있으면 절반은 갈 텐데 괜히 일을 벌여 팀을 힘들게 하기 때문이다. A급 직원은 C급 직원이 누구인지 바로 알아볼 수 있고 이런 C급 직원과 같이 일을 하려 하지 않는다.

그러므로 경영자는 A급 직원이 누구인지 평상시에 파악하여 이에 걸맞은 대접을 해줘야 한다. 그들의 불편이나 요구사항도 귀 기울여 듣고 즉시 반영해 주도록 노력해야 한다. 반면 C급 직원은 눈여겨보고 있다가 회사에 구조조정 등 어떤 감원 사유가 발생했을 때는 해당 직원을 정리해야 함이 마땅하다.

A급 직원이 A급 회사를 만들고 C급 직원이 C급 회사를 만드는 법이다. 당연히 회사의 리더가 되고자 하는 사람은 A급 직원이 되어야 할 것이다.

직원들의 능력이 동일할 수는 없다. 또한 직원들의 능력에 따라 업무에 임하는 생각이나 행동이 다르다. 자연스럽게 성과도 다를 수밖에 없다. A, B, C급 직원들은 업무에 대한 능력이나 책임감도 다르며 일의 잘못에 대한 질책을 받아들이는 자세에서도 차이가 난다. 우리는 모두 상급인 A급 직원이 되도록 노력해야 하며 하급인 C급 직원은 분발하여 우수한 직원이 되도록 최선을 다해야 할 것이다.

언제나 "나는 A급인가, B급인가, C급인가?" 하고 자문해 보자. 그러고 나서 성찰하고 노력하여 능력 있는 A급 직원이 되자.

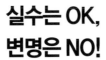

실수는 OK,
변명은 NO!

회사 업무는 내가 원하는 일만 하거나 쉬운 일만 골라서 할 수 없다. 때로는 원치 않아도 내 능력 밖의 일을 맡을 수밖에 없다. 사람인지라 크고 작은 실수도 하기 마련인데, 무엇보다 실수를 대하는 마음가짐이 중요하다.

일이 무사히 마무리되면 일하는 도중에 작은 실수가 있었더라도 '다음번엔 각별히 조심하라'는 충고를 들을 수 있으나 보통 별문제 없이 넘어간다. 운동경기에서 승리를 이끈 팀은 잘못한 선수의 실수까지 덮어주는 경우처럼 말이다. 그러나 자신이 저지른 실수가 회사에 손실을 가져왔다면 설사 열심히 했더라도 책임과 비난이 따를 수밖에 없다. 그런데 많은 사람이 실수를 자기 잘못으로 여기지 않고 변명하거나 남의 탓으로 돌리려 한다. 회사의 지원이 부족했다거나 협조가 미흡했다고 불평불만을 늘어놓는다.

누구나 실수를 할 수는 있다. 그러나 변명이나 남 탓을 해서는 안 된다. 실수한 데는 실수한 이유가 분명히 있다. 우리는 이 실수에서 교훈을 얻어 두 번 다시 같은 실수를 반복하지 않는 현명한 사람이 되어야 할 것이다.

수많은 실패를 하면서도 1,000여 종의 발명 특허를 낸 미국의 발명가 토마스 에디슨은 "실패는 성공의 어머니"라고 했다. 실패 속에서 교훈을 얻으라는 메시지이다. 그래서 어떤 회사에서는 실패 사례를 직원을 교육하는 '사례연구(Study Cas)'로 활용해 연구하고 분석해서 교훈을 얻기도 한다.

실수에 겁먹지 말고 부딪쳐야 성장한다

나는 직원들에게 "잘못했다면 깨끗이 인정하자. 비겁하게 변명하거나 남 탓을 하지 말자. 깔끔하게 책임을 지자. 그리고 만회를 해서 꼭 갚자"라고 강조하곤 한다.

변명도 습관이다. 변명은 하면 할수록 는다. 자신이 잘못한 일조차 깔끔하게 인정하지 않고 변명만 일삼는 사람이 어떻게 큰일을 할 수 있겠는가.

실수는 누구나 할 수 있는 것이고, 책임이 막중한 사람일수록, 중요하고 어려운 일을 하는 사람일수록 실수에 더 많이 노출될 수밖에 없다. 그러나 수많은 실수와 실패 속에서 쌓은 경험치는 자신을 단단하게 만들어주고, 같은 실수를 반복하지 않으려는 마음가짐으로 완벽에 가까워지기 마련이다. 그러므로 실수를 두려워해서는 안 된다. 반면 아무것도 하지 않는 사람은 실수를 하지도 않지만 어떠한 성과도 내지 못한다. 난이도가 낮은 쉬운 일만 맡으면서 자신을 꽤 능력 있는 사람이라 착각하거나, 새로운 일을 꺼려 해보지도 않는다면 결국 아무것도 못 하는 법이다.

모두가 다 할 수 있는 일을 맡아서 성공했다고 자랑거리도 아니고 빛이 나지도 않는다. 회사는 다른 사람이 하지 못하는 어렵고 힘든 일이나 위험한 상황을 극복하고 성과를 내는 사람을 원한다. 그러니 어려운 일일수록 겁내지 말고 먼저 자청하고 부딪쳐 보자. 성공하면 큰 대가가 따를 것이고, 설사 실패하더라고 도전한 이를 어리석다고 손가락질하는 회사는 없다.

다만 한 번의 실수는 용서할 수 있으나 똑같은 실수를 두 번은 반복하지 말자. 두 번의 실수는 실수가 아닌 부주의함의 또 다른 이름이기 때문이다.

임진왜란의 국란에 백의종군하며 13척의 배로 133척의 왜적을 무찌른 성웅 이순신 장군은 이렇게 말했다.

"조직의 지원이 없다고 실망하지 마라. 나는 스스로 논밭을 갈아 군자금을 만들었고 스물세 번 싸워 스물세 번을 이겼다."

"윗사람이 알아주지 않는다고 불평하지 마라. 나는 끊임없이 임금의 오해와 의심으로 모든 공을 빼앗긴 채 옥살이를 해야 했다."

"집안이 나쁘다고 탓하지 마라. 나는 몰락한 역적의 가문에서 자라나

가난 때문에 외가에서 자랐다."

진정한 리더를 꿈꾸는 사람도 마찬가지이다. 무슨 일을 하더라도 '때문에'라고 변명하거나 남 탓을 하지 말고, '덕분에'라며 감사하고 배우는 열린 마음을 가져야 한다. 남을 가리키는 손가락은 한 개지만 나머지 네 손가락은 나를 가리킨다는 말처럼, 사람을 탓하고 상황을 탓하며 부정적인 생각을 하는 리더는 결코 성장할 수 없다.

이처럼 실수를 두려워하지 말고 도전하자. 남들이 꺼려하는 어려운 일일수록 적극적으로 나서야 한다. 실수를 하더라도 남 탓이나 변명을 하지 말자. 실수했을 경우 주변인들은 상황과 입장을 고려하고 이해하여 동정을 해준다. 그런데 변명하면 비난으로 되돌아올 수 있다.

성과를 내기 위해서는 어떠한 일이라도 겁먹지 말고 도전해야 한다. 일을 하다 보면 누구나 실수를 할 수 있다. 다만 실수에서 성찰하고 교훈을 얻어야 한다. 대신 똑같은 실수를 두 번 하면 어리석은 것이다. 더불어 변명이나 남 탓을 해서는 안 된다. 변명과 남 탓은 무책임에서 나오고, 이것은 나쁜 습관이 된다는 것을 기억하자.

PART 7

리더십을
발휘하는가?

리더, 통솔력

리더를 알아야
리더가 된다

　서울 한복판인 광화문 사거리에서 교통정리를 하는 경찰관과 동네 사거리에서 교통정리를 하는 경찰관 중 누가 더 교통 통제 능력이 뛰어날까? 만약 동네 사거리에서만 교통정리를 하던 경찰관이 어느 날 갑자기 광화문 사거리를 맡는다면 문제없이 교통정리를 잘 해낼 수 있을까?

　광화문 사거리에서 교통정리를 하는 경찰관은 단순히 교통신호만을 조정하는 것이 아니다. 광화문 인근에서 특별 행사가 있을 경우 교통량이나 교통흐름을 사전에 예측하고 분석하여 분산한다든지, 외국의 대통령이 지나갈 때 외빈의 교통 흐름이 끊기지 않게 하면서 일반 교통의 흐름을 원활히 해야 하는 등의 고도의 교통통제 능력은 동네 사거리에서 단순 교통정리하는 일반 교통 경찰관에게는 기대할 수 없을 것이다. 이런 상황을 원만히 처리하기 위해서는 교통 경찰관 중에서 능력을 인정받는 리더 격의 교통 경찰관이 해야 할 것이다.

리더는 광화문 사거리의 교통 경찰관처럼 조직 구성원들로 하여금 회사의 목표를 효과적으로 수행하도록 똑바로 지시하고 영향력을 행사하는 사람이다.

리더십은 변화 진행 중!

그렇다면 조직을 살아 움직이게 하고, 협력하게 하면서, 성과를 내야 하는 리더는 어떠한 자질을 갖추어야 하는가? 전통적인 리더의 특성을 열거해 보면 다음과 같다.

1. 성실, 정직, 솔선수범, 열정, 도전의식, 책임감, 사명감

2. 비전, 목표와 방향 설정

3. 실행력, 추진력, 통솔력, 종결력

4. 판단력, 통찰력, 미래 예측력

5. 문제 해결력, 위기관리력

6. 기획력, 전략전술력, 이벤트력

대체로 이전에는 리더가 이러한 자질을 갖추고 있어야 조직을 이끌어갈 수 있었다. 그러나 지금의 리더에게는 개별적 특성을 강조하기보다는 상황에 맞는 적절하고 융합적인 상황적 특성이 더 요구된다.

회사의 설립과 발전 과정에 따라 시장에 진입하는 방법과 강도가 다르기 때문에 리더의 특성과 요구하는 역할이 다를 수밖에 없다. 또 회사가 처한 상황에 따라 대처법이 다르므로 리더의 행위도 다를 수밖에 없다. 이유야 어떻든 간에 회사를 이끌어가는 리더의 능력과 역할이 회사의 이익과 손실을 가져오는 것은 분명하다. 리더의 중요성은 말할 필요가 없다.

리더는 여러 덕목 가운데 회사의 중대한 일에 대한 현재의 대처 능력과 앞으로 닥칠 상황을 대처하기 위한 의사 결정 능력을 갖추고 있어야 하는데, 이때 통찰력과 미래 예측력이 굉장히 중요하다. 이러한 통찰력과 미래 예측력은 많은 독서와 깊은 사고와 폭넓은 관찰을 통해서 성숙해지는 것이므로 부단히 노력을 해야 한다.

여기서 나는 특별히 통찰력과 미래 예측력을 기르기 위한 나만의 훈련법을 부연 설명해 보고자 한다.

• 신문을 일주일 혹은 한 달 치를 모아서 최근 날짜로부터 거꾸로 읽어보면서 사안별 최초의 발단이 어떠한 과정과 전개를 거쳐가고 나중에는 결말이 어떻게 났는지, 또 어디어디와 연관되어 영향을 미쳤는지를 분석해 보는 방법

• 매사에 핵심을 두세 개로 단순화해 사안별로 비교해 보며, 동시에 반드시 숨은 의도를 찾아내어 전체의 핵심과 본질을 보는 방법

• 주위 사람이나 사건을 깊이 관찰해 보는 방법으로, 과거의 당초의 모습은 어떠했는데 무슨 노력과 행동으로 지금의 결과로 변화되었는지의 변화 과정을 살펴보고 흐름과 추세를 좇아 미래의 모습을 예측해 보

는 방법

이처럼 사람이나 사물 혹은 사건이 과거부터 어떤 변화 과정을 거쳐 현재의 결과로 변모하는지를 유심히 비교 분석해 보면, 향후에 어떻게 변화할 것이라는 추세선이나 방향을 유추할 수 있다. 가까운 사람 혹은 직접 겪고 있는 사안부터 이와 같은 방법을 이용하여 깊이 있게 관찰해 보는 습관을 가져보자.

리더십의 여섯 가지 유형

그렇다면 회사의 발전 상황에 맞는 특성을 지닌 리더는 어떠한 유형의 리더십을 발휘하는가? 보통의 경우는 아래 두 경우이다.

> ▸ *거래적 리더십: 회사가 좋은 성과를 내고 있을 때 발휘하는 리더십이다.*
> ▸ *변혁적 리더십: 전환기나 위기의 상황에서 조직원들이 능력 이상의 목표를 달성하도록 혁신적으로 이끌어가는 리더십으로, 애플 창시자인 스티브 잡스가 정상적으로 회사를 키운 후 물러났다가 위기가 닥쳤을 때 다시 복귀하여 제2의 발판을 마련한 경우이다.*

또 다른 관점에서, 기업의 성장 과정에 따라 어떤 역할을 요구하느냐에 따라 리더십의 유형을 분류하기도 한다.

> ▸ *기업 탄생 때는 '위험부담형' 리더십: 사업 초기 공격적 경영을 위해 리더의*

재산까지도 바치는 유형으로, 마이크로소프트의 빌 게이츠, 월마트의 샘 월턴이 이에 해당한다.

▸ 기업 성장 때의 '관리형' 리더십: 지속적인 성장을 위해 체계적으로 회사를 꾸려가는 대부분의 회사의 리더십이다.

▸ 기업 성숙기 때의 '외과의사형' 리더십: 회사가 공격적이기보다 방어적일 때의 리더십으로, 조직이 커지고 느려지기 때문에 총체적이고 계산적인 경영으로 제품이나 사업체 수를 조정할 필요가 생길 때 발휘하는 리더십이다. 크라이슬러 자동차를 구조조정한 리 아이어코카 전 회장의 경우이다.

▸ 기업 쇠퇴기 때의 '장의사형' 리더십: 위에서 언급한 애플의 스티브 잡스처럼 변혁과 혁신으로 회복시키든가 아니면 청산으로 가기 위한 청산전문가의 리더십이다.

이처럼 리더십은 상황에 따라 혹은 시기에 따라 필요한 유형이 달라진다. 지금 처한 회사의 입장에서 가장 효과적으로 사용할 리더십은 무엇일지 항상 고민해 보아야 할 것이다.

'진짜 리더'는 자기 역할을 능동적으로 찾아낸다

리더는 스스로 자기의 역할을 만들어낼 수 있어야 한다. '시대가 영웅을 만드는가? 영웅이 시대를 만드는가?'에 대해서 이야기를 하지만, 아무리 영웅이 필요한 시대라 하더라도 아무나 영웅이 되는 것은 아니다. 영웅이 되고자 하는 사람은 스스로 자기의 길을 찾아나가야 한다.

회사에 다니다 보면 갑작스러운 돌발 상황이 생기기 마련이다. 회사가 급박한 상황에 처했을 때, 빈자리가 생겨 일의 공백이 생길 때, 만족스럽지 못한 부분이 생길 때 등등 이럴 때는 뒤로 빠지거나 망설이지 말고 적극적으로 나서서 그 역할을 해야 한다. 작은 규정이나 관습에 얽매이지 말고 용기 있게 참여해야 한다. 회사는 그런 사람을 좋아하고 또 그런 사람에게 기회를 줄 것이다.

자기 분야뿐만 아니라 회사에 어떠한 문제가 있을 때 개선과 변혁을 위한 '의견서'를 수시로 내면 좋다. 설사 작은 부분이라 하더라도 회사를 살리려는 좋은 아이디어를 내는 사람은 회사도 외면하지 않거니와 새로운 기회를 포착할 수 있다. 그러니 누군가 입에 먹을 것을 넣어 줄 때까지 입만 벌리고 기다리지 말고 스스로 리더의 포지션을 찾아야 한다.

누에는 스스로 고치를 뚫고 나와야 하늘을 날 수 있는 나방이 된다. 옆에서 누군가 좁은 구멍을 넓혀주는 등의 도움을 준다면 쉽게 고치에서 나올 수는 있지만, 근육이 강해지지 못하고 단련되지 않은 나방은 힘이 없어 허우적거릴 뿐 하늘을 날지 못한다. 그러니 리더가 되려는 사람은 회사가 필요로 하는 것이 있다면 스스로 나서서 그 역할을 해야 한다.

리더는 경영자 부재중에 더욱 빛난다

모처럼 골프를 치러 간 날이었다.

함께 라운딩하는 일행 중에 매장을 여러 개 운영하는 박 사장은 일주일에 두세 번 골프를 칠 정도로 골프 마니아인 데다 실력도 수준급이다. 물론 골프가 그에게는 비즈니스의 일환이기도 하다. 그래도 평일에 두세 번씩 자리를 비우게 되니 업무에 지장이 있지 않을까 하여 물어보았다. 자주 사무실을 비워도 괜찮느냐고 말이다.

"그럼요, 전혀 문제없어요. 매장에 전부 CCTV가 있어서 어디서든 상황을 다 알 수 있어요. 그리고 급한 결재는 전자 결재로 다 하는데요, 뭐. 사실 CCTV가 없을 때는 불안했거든요. 자주 가보지 못하니까 매출이 떨어지더라고요. 그런데 CCTV를 설치한 후에 지금은 24시간 볼 수 있어서인지 직원들이 더 열심히 하는 것 같아요."

그 이야기를 듣고 나는 다음 날 사무실로 가서 '우리 회사도 현장에 CCTV를 설치하는 게 어떻겠냐'고 제안했다. 그러나 직원들의 의견을 수렴해 본 관리이사가 직원들의 반발이 심하다고 전했다. CCTV를 설치하면 현장 작업 상황을 바로 알 수 있고, 출입자 관리도 편하고, 주야간 자재 도난 문제도 해결할 수 있을 텐데 직원들은 자기들을 감시하는 용도로 생각하는 것 같았다. 직원들이 싫어하니 설치하지 않기로 하고 없던 일로 했다.

그런데 이런 일이 있는 후에 직원들의 근무 자세가 많이 달라졌다고 관리이사가 이야기하는 것이다. 무슨 일이 있었느냐고 물어봤더니 직원들이 자발적으로 다른 회사에서는 다들 CCTV를 달면서 감시하듯 하는데, 우리 회사에서는 자기들의 의견을 흔쾌히 받아줘서 감사하다면서 근무를 제대로 하자는 여론이 형성되었단다. 오히려 믿고 맡긴 것이 잘되었구나 생각했다.

경영자의 빈자리를 채워야 '진짜 리더'다

경영자는 장기 출장이나 빈번한 외부 활동 혹은 해외여행 중일 때처럼 자리를 오래 비울 경우 혹시 회사에 문제가 생기지는 않을까 걱정을 많이 한다. 그래서인지 부재중에 문제가 생기면 '역시 내가 없으니 회사에 문제가 생기는구나' 싶어 자리를 비우기 꺼려한다. 이럴 땐 사전에 믿을 만한 직원에게 매끄럽게 처리하도록 특별 지시를 내리거나, 만약 의견을 구해야 할 경우 바로 연락하라는 등의 사전 조치를 취해놓는 것이 좋다.

드림랜드에서 실무책임자로서 3년간 실무를 맡았던 적이 있다. 그때 나는 3년 동안 하루도 쉬지 않았고, 한 번도 서울 하늘을 벗어나지 않고서 회사를 지켰다. 책임감이기도 했지만 자존심을 지키기 위해 언제나 긴장하면서 일했다. 그 3년 동안 감기 한 번 앓지 않았다. 아니, 감기가 와도 아마 무서워서 도망갔으리라.

회장님의 부재중에는 책임감과 자존심 때문에 더 빈틈없이 일했다. 회장님이 안 계실 때 문제가 생기면 평상시 일하던 모습이 전부 위선처럼 보일 게 아닌가? 회장님이 계실 때는 언제 찾을지 몰라서 자리를 지켜야 했고, 회장님이 부재중일 때는 문제가 생기지 않도록 더욱더 철저히 준비해야 해서 쉬지 못했다. 그렇게 하루도 쉬는 날 없이 3년을 근무했다.

진정으로 열심히 일하는 사람은 그렇게 하는 체할 필요도 없다. 일부러 눈에 띄도록 알짱거릴 필요도 없다. 경영자는 진정으로 최선을 다하여 일하는 사람을 바로 알아볼 수 있다. 평상시의 업무 스타일이나 들리는 소문에 신경을 쓰기 때문이다.

한번은 이런 일도 있었다. 설이나 추석 같은 명절에는 가족들과 즐거운 시간을 보내는 것이 일반적이지만, 위락레저사업에 종사하는 사람들은 이때가 더욱 바쁠 수밖에 없다. 일명 대목이기 때문이다. 남들이 쉴 때 일하면 힘이 빠진다. 특히 명절에 가족들과 쉬지 못하고 근무해야 하는 직원들이 안쓰러웠다. 그래서 나는 사비로 건강음료를 사서 구내식당 입구에서 교대로 식사하러 오는 4~500명의 직원들한테 나눠주었다. 그리고 위로의 말을 한마디씩 건넸다.

"우리들 팔자가 이러니까 심기 불편해하지 말고 일합시다. 그러려니 생각하고 이왕 하는 거 즐겁게 일합시다."

임원이 사비로 박카스와 우루사를 사서 직접 나눠 주는 것을 처음 본 직원들은 신기해하면서도 진심 어린 격려에 감동을 받은 듯했다. 명절 대목에 일하는 직원들의 마음가짐이 음료와 함께 응원의 메시지를 받기 전과는 달라지지 않았을까.

경영자가 부재중일 때는 관리자가 더욱 신경을 써야 한다. 이때 업무의 기강과 직원들의 마인드가 흐트러지지 않도록 평상심을 유지시켜 문제가 생기지 않도록 만드는 것이 중요하다. 경영자가 자리를 비웠을 때 문제가 발생하지 않을 정도로 빈자리를 잘 메워야 진정한 리더이고, 경영자가 돌아왔을 때 비로소 리더로서의 가치가 빛날 것이다.

허세는 빼고
진실은 더하기

어떤 모임에 참석한 적이 있다. 공식 행사가 끝나고 뒤풀이를 겸하여 참석자들끼리 대화를 나누는 시간이었다. 그때 누군가 큰 목소리로 주위 사람들과 대화를 하기 시작했다. 주변에 다 들릴 정도로 말이다.

"저번에 그 사람이랑 만나서 한잔했는데 말이야, 그 사람이 아주 굉장해. 요즘 내가 정치인 누구랑은 자주 전화 통화를 하고, 검사장 누구는 승진 때 만났고, 대기업 오너 누구랑은 골프 치는 사이고……."

자랑이 끝이 없어 누군지 살펴보니 내가 아는 사람이었다. 모르는 자였다면 그저 '굉장한 사람일세' 하고 말았겠지만, 나는 그 사람의 학력과 경력, 사회활동뿐만 아니라 심지어 재산이 어느 정도인지도 대충 알고 있었다. 그래서 '또 시작이구만' 하고 넘겨버렸으나 처음 보는 사람

210

들은 그 사람이 정말 대단한 줄 알고 깜빡 속아 넘어갈 게 아닌가?

남들 앞에서 허세를 부릴 정도로 대단한 자라 생각한 적은 없었기에 그 사람이 무척 한심해 보였다.

허세는 빼고 겸손을 더하자

어떤 사람들은 만나면 자신이 현재 하고 있는 일과 과거의 훌륭한 업적들을 부풀려 말하는 경우가 있다. 혹은 사회적으로 덕망 있는 유명한 사람들이 자신과 특별한 관계인 양 과장해서 말하기도 한다. 짐작건대, 위에서 언급한 그 지인도 유명한 사람들과 친분 있는 사이가 아니라 어느 단체에서 얼굴 한두 번 본 적 있거나 스쳐가듯 인사 한 번 나눈 정도일 거라 생각한다.

실제로 유명한 사람이거나 돈이 넘치도록 많아서 자랑한다면야 당연히 그럴 수도 있고 또 존경할 만한 일이다. 성공한 사람들의 자랑 섞인 성공담을 들으면서 배울 점도 많다. 또 사람이라면 한번쯤 남들 앞에서 폼 나게 자랑하고 싶은 심리야 이해할 수 있다. 그러나 너무 지나치는 것은 조심해야 한다. 겸손이 부족하다고 오해를 받을 수 있기 때문이다. 성공한 사람들 중 기부와 봉사로 나눔의 삶을 실천하고, 지역 사회의 인재 발전에 공헌하거나 사회단체를 이끄는 등 자신의 존재를 드러내지 않으면서 훌륭한 일을 하는 사람들을 주위에서 많이 본다. 이런 것이 진정한 유명세일 것이다.

오래전에 강원도 어느 지역에서 관급 공사를 하나 수주한 적이 있었다. 그 지역에 거주하는 전문건설회사 사장이 공사를 하고 싶다고 연락을 해왔다. 마침 그 지역에 볼일이 있어 겸사겸사 한번 만나기로 했다.

약속 장소로 나가 한참을 기다려도 건설회사 사장이 오지 않았다. 차 안에서 비상깜박이를 켠 채로 기다리길 몇 분. 그때 전화가 와서 내가 있는 위치를 알려주자 바로 코앞에서 헐레벌떡 뛰어오는 사람이 있었다.

"아이고, 회장님. 죄송합니다. 먼저 와서 기다리고 있었는데 이 차에 타고 계셨을 줄은 몰랐습니다."

그 말인즉, 회장이라면 응당 벤츠 정도는 몰고 올 줄 알았는데 그랜저를 타고 와서 몰라봤다는 것이다. 자신도 벤츠를 탄다면서 말이다.

속으로 '저 사장이 돈을 많이 벌었군'이라고 생각하며 웃어 넘겼으나, 사장 혹은 대표쯤 되면 무조건 고급 외제차를 타야 한다는 분위기가 몹시 씁쓸하게 느껴졌다.

진실에 진실을 더하다

회사에 다니다 보면 많은 거래처를 만나게 된다. 나는 거래처와 계약을 할 경우에는 더욱 신중을 기하는 편이다. 왜냐하면 일단 계약을 한 다음에 문제가 생기면 골치가 아프기 때문이다. 그렇기에 겉모습보다는 자세나 됨됨이를 잘 살피려고 애쓴다. 다음은 거래처를 고를 때 내가 가장 중요하게 생각하는 부분들이다.

> ▶ 올바른 생각과 가치관을 가지고 있는가?
>
> ▶ 비록 손해가 나더라도 약속을 지키고 책임감이 투철한가?
>
> ▶ 허세나 과장이 심하여 진실성이 떨어지지는 않는가?

▸ 말은 듣기 좋게 그럴듯하게 하면서 행동은 엉망인 언행불일치하는 사람은 아닌가?

▸ 평판은 괜찮은가?

▸ 곤란하면 약속을 파기할 속셈으로 본인 명의의 재산을 일부러 빼돌려 놓지는 않았는가?

이처럼 거래처를 볼 때는 얼마나 진실하게 일하는 곳인지를 보고, 상대를 대할 때는 허세보다는 진심을 보여주려고 해야 한다. 인품과 신뢰는 살아온 행적에서, 행동에서, 말에서, 얼굴에서 알게 모르게 나타나는 법이다.

벼도 익으면 고개를 숙인다고 하지 않는가? 지나친 자랑은 허세처럼 보이기 마련이다. 사람을 대할 때는 허세를 빼고 거기에 진실을 더하자. 권력과 부와 명예가 없으면서 있는 체하지 말자. 지나치게 허세를 부리는 사람은 심하면 위선처럼 보인다. 성공은 자랑스럽고 존경스럽다. 여기에 겸손을 더하면 금상첨화이다.

현장의 승패는
책임자의 손에 달려 있다

회사는 무릇 상품과 서비스를 판매 및 제공하여 수익을 얻는다. 그러므로 판매에 따른 매출이 없으면 회사는 어려움에 처할 수밖에 없다.

그렇다면 판매는 누가 하는가? 바로 고객과 접하는 영업자가 한다. 그러므로 회사에서는 직접 회사의 이익을 만들어내는 영업에 대한 권한과 지원을 충분히 해주어야 한다. 뒤에서 일반 회사의 영업의 중요성과 방법에 대해 보다 자세히 다룰 예정이다.

일반 회사나 건설회사나 수익을 만들어내는 리더인 책임자의 역할은 대동소이하므로, 건설회사의 경우를 예를 들어서 유추해 보자. 여기서는 건설회사의 수익을 창출하는 최일선인 현장관리의 중요성과 책임자의 역할에 대해서 언급하고자 한다.

건설회사는 현장에서 건물을 짓거나 도로를 만들어서 수익을 얻는다. 그렇기에 현장이 제일 중요하다.

월 1회 현장소장 회의를 하는 날, 현장소장인 정 소장은 일은 열심히 하나 성격이 괄괄하여 감독과 잘 부딪친다. 현장진행을 감독하고 지시하는 감독의 간섭 때문에 현장을 꾸려가는 데 어려움이 많다고 토로했다. 그래서 감독과 싸우게 되면 회사의 손해가 막심하다며 살살 달래보았다. 그랬더니 정 소장 왈, "감독이 너무 까다로워요. 도면대로 하는데도 트집을 잡고 사사건건 간섭만 하는 친구거든요."

어떤 점 때문에 어려운지는 대화를 통해 알 수 있었으나 나는 따끔하게 한마디 했다.

"정 소장, 그런 감독을 조정하는 것도 소장의 능력이야. 소장은 현장 관리에 60%, 현장 외부 관리에 40%를 신경을 써야 해. 현장 일 외에 감리 감독의 관리나 민원인 관리도 또 설계 변경의 관리나 하도업체 관리도 소장의 몫이야."

감정이 앞서는 정 소장은 나의 말을 완벽하게 이해하지는 못하는 듯했으나, 앞으로 감리나 감독의 말에 한 번 더 귀 기울여 들어보겠다고 약속했다.

리더인 책임자의 일곱 가지 역할

책임자는 눈앞의 일만 잘하려고 해서는 안 된다. 현장 책임자는 현장 전체의 일을 총괄해야지 일부분만 신경 써서는 안 된다. 큰 틀에서 보는 안목을 갖고 있어야 하고 일에 대한 우선순위도 알고 있어야 성과를 낼 수 있다.

건설업의 경우 현장이 개설되면 책임자인 현장소장으로 누구를 보내느냐가 현장 승패의 중요한 잣대가 된다. 현장을 제대로 준공하기 위한 유능한 리더로서, 현장소장인 책임자가 어떻게 일을 하느냐가 매우 중요하다. 그래서 여기서는 리더로서의 현장소장의 역할에 대해서 언급해 본다.

1. 직원 관리를 잘해야 한다

사람이 일을 하는 법이다. 현장직원이 일을 잘할 수 있도록 만들어주고 효율적인 업무 배정과 조정 통제를 잘해야 한다. 소장이 자기 입맛에 맞는 직원만 쓰려고 하거나 직원을 자주 교체하면 현장의 업무 효율과 생산성은 엉망이 된다.

2. 실행 예산 관리를 철저히 해야 한다

본사에서 승인받은 예산을 초과하거나 임의로 전용해서는 안 된다. 자금을 지출할 때는 꼭 실행 예산서를 확인 대조하여 집행하고, 초과될 때는 어디서 만회할지를 계획해야 한다. 그래서 나는 "실행 예산서가 너덜너덜해진 현장은 A급이다"라고 말한다.

본사에서는 매월 기성청구 시 실행과 집행을 비교하는 수지분석표를 작성 관리하여야 한다.

3. 공정률 관리를 철저히 하여 공사기간 내에 준공토록 해야 한다

공정표를 사무실의 눈에 가장 잘 띄는 곳에 걸어놓고 일주일 단위로 계획 대비 실적을 색칠하여 점검해야 한다. 만약 3% 이상 지연될 경우는 특별 만회 대책을 세워 달성될 때까지 현장과 협력업체를 동시에 추적 관리해야 한다. 대책에 대한 계획표만 만들고 추적 관리를 하지 않으면 '산에 입산금지 표시판만 부착해 놓고 방치하는 것'처럼 나쁜 선례가 될 수 있다.

4. 협력업체 관리에 만전을 기한다

협력업체를 선정할 때는 회사를 직접 방문하여 확인하는 실태 조사를 한다. 또 협력업체가 거래한 회사 두 곳 이상에 전화나 방문으로 그 업체에 대한 평가를 알아본다. 특히 공사가 끝난 다음에 '좋지 않은 시비'를 하는 협력업체를 조심해야 한다. 업체와 직원과의 이권결탁을 방지하고 현장설명회 때나 견적 제출 때 모든 협력업체에 공정한 기회를 주도록 한다. 특정 업체만 편익을 주는 것은 나중에 문제가 될 수 있다. 매월 미지급 여부를 꼭 확인하여야 한다. 더불어 우수한 협력업체는 계속해서 편의를 제공해 주어야 한다.

5. 발주처, 감리감독, 민원인 등 대외 업무를 잘해야 한다

세상에 갑을관계가 없다 하지만 숨어 있는 갑을관계는 어쩔 수 없다. 협력이 원활하지 못하면 결국 회사의 손실이 발생하기 십상이다. 공적으로든 사적으로든 좋은 관계를 유지해야 한다.

6. 품질관리, 하자관리에 신경을 써야 한다

관급 공사에는 감리와 감독관이 있어서 이를 통제하기에 별문제가 없지만, 그래도 자체적으로 공정별 또는 시기별로 품질 및 하자 체크리스트를 만들어 본사와 현장에서 관리해야 한다. 민간 공사나 자체 사업의 공사는 독자적으로 철저히 해야 한다. 하자처리 비용은 엉뚱하게 별도로 들어가는 돈이므로 특별히 신경을 써야 한다.

7. 설계 변경 시 수익성을 확보한다

설계 변경은 공사기간에 영향을 주기 때문에 안 하는 게 좋지만 시공상 안 할 수 없는 경우도 있다. 그래서 "수익이 없으면 하지 말자. 아니면 다른 곳에서 반대급부라도 받아야 한다. 만약 수익이 생기는 설계 변경은 적극적으로 덤벼라"라고 한다.

건설회사는 현장에서 수익을 가져올 수밖에 없다. 그렇기에 현장의 승패는 책임자인 현장소장의 손에 달려 있다. 그러므로 유능한 리더로서의 현장 책임자인 소장은 위 일곱 가지의 주요 역할에 대해 잘 숙지하고 이행하여 수익을 내는 현장으로 만들어야 한다.

회사의 수익 역시 판매에서 나오고 이 판매는 영업을 통해서 이루어진다. 그러므로 영업에 총력을 기울여야 한다는 것을 기억하자.

성공한 리더의
자기관리법

제약 전문업체인 유한양행과 학교 재단인 유한재단을 설립한 유일한 박사는 투명하고 정직한 기업경영의 표상으로 상징된다. 사회를 위해 헌신하고, 자신의 전 재산을 사회에 환원한 혁신적 기업가이자 독립운동가, 교육자인 유일한 박사는 이 시대 많은 이들에게 모범이 되는 인물이다.

성영철 제넥신 대표 겸 포스텍 교수는 포스텍에 100억을 기부하면서 코로나19와 같이 강력한 전염성 있는 바이러스를 퇴치하기 위해서 바이오와 헬스케어 분야의 인재 양성이 필요하다고 밝혔다. 성영철 대표는 지금까지 학계와 연구기관에 총 700억을 기부했을 뿐만 아니라, 불우이웃이나 고아원 등 어려운 이들을 돕기 위해서 온정의 손길을 내미는 따뜻한 리더 중 하나다.

행정의 달인이라고 칭찬받으며 국무총리를 역임하고 한때는 대권후보 1위를 달리던 고건 전 총리 역시 고위 공직자로서 자기관리를 철저히 한 사람이다. 행정고시에 합격하고서 이제 막 공무원으로 출발하려는 그에게 아버지는 두 가지를 당부했다고 한다. "남한테 절대로 신세를 지지 마라", "절대로 이권에 관여하지 마라"고 하면서 아들한테 매달 생활비를 보내주었다고 한다. 총리까지 올랐으나 잡음 하나 생기지 않았으니 공무원의 리더로서 귀감이 될 만하다.

성공한 이들일수록 자기관리에 탁월하다

이처럼 자기관리에 성공한 리더는 어떤 사람들일까? 단지 출세를 했거나 돈을 많이 벌었기 때문에 타의 모범이 된다고 하는 것은 아니다. 부정이나 이권에도 관여해서는 안 되고 누구보다 성실하게 일하며, 자기 분야에서 뛰어난 업적과 성과를 보였을 뿐만 아니라 사회 공헌과 국위선양에도 앞장선 사람들이다. 그들은 회사나 주위 사람에게 피해를 주지 않고 불법적인 행위로 사회에 직간접적으로 피해를 주지 않는 사람이며, 이권에 개입하지 않는 청렴한 사람들이다. 그래서 오늘날 많은 사람들의 모범이 될 수 있는 것이다.

나 역시 '정도경영을 하자', '정의롭고 떳떳하게 하자', '거짓과 부정을 하지 말자', '남을 이용해 피해를 주지 말자', '소인배 짓을 하지 말자'라는 신념으로 사업을 일구어왔다.

우리나라는 법이 촘촘하고, 기업인을 바라보는 사회의 시선도 제법

차가운 편이다. 그러다 보니 어떤 때는 하루하루 움직이는 게 두려울 때가 있다. 내 딴에는 조심스럽고 투명하게 사업을 한다고 하지만 법과 규제를 볼 때마다 혹시나 사업을 잘못 운영하고 있는 건 아닌지 스스로에게 질문을 던지며 주의하려 애쓴다. 늘 올바른 길을 가려고 스스로를 다잡는 것이다. 그래서 내 사무실에는 '대표이사' 대신 '정도(正道)경영실'이라는 이름을 붙여놓았다. 공정하고 깨끗하게 경영하려는 의지이기도 하고, 바르게 가겠다는 나 자신에 대한 약속이기도 하다. 스스로에게 부끄럽지 않은 경영을 하려고 최선을 다한 결과 한 번도 받기 어려운 '성실납세자' 표창을 두 번이나 받았다. 자랑스러운 성과다.

반면 회사를 운영하면서 그릇이 작은 사람들을 많이 본다. 나는 이들을 소인배라 부르는데, 소인배들에겐 다음과 같은 특징이 있다.

▶ 정의라는 의미를 옳고 그름의 잣대로 보지 않고 자기한테 이롭고 편하냐의 잣대로 보는 사람.

 ▶ 말은 크게 하고 행동은 적게 하는 사람. 이를테면 생색만 내고 뻥치고 내로남불하는 사람.

 ▶ 앞에선 입 다물고 뒤에서 불평불만만 하는 사람.

 ▶ 자기 잘못이면서 남 탓을 하는 사람.

위의 네 가지 행동을 하는 사람은 절대로 사업을 오래 할 수도 없거니와 직원들이 따르지도 않는다. 나는 이러한 소인배의 행동을 하지 않으려 애를 쓴다.

내가 사업을 시작했을 때의 일이다. 어느 날 처가에 놀러 갔는데, 회장님으로 모셨던 장인어른이 나를 부르셨다.

"민 서방, 애 엄마한테 회사 통장과 법인도장을 다 맡겼다면서? 사업하는 사람이 자기 처한테 돈을 다 맡기는 것이 어려운 일인데 대단하구만."

"폼 잡을 것도 없고 제가 가지고 있으면 귀찮기만 해서요."

그러자 옆에 있던 아내가 말했다.

"참, 영리한 사람이에요. 돈이 필요하면 알아서 빌려오게 만들면서 기분은 좋게 하지 뭐예요."

나는 개인 사업을 시작하면서 아내에게 자금 관리와 직원 관리, 자재 선정 등의 업무를 일임했다. 평생의 사업 동반자이자 든든한 동지처럼 모든 것을 함께해 왔다. 덕분에 28년 동안 사업을 무사히 이어올 수 있었고, 아내를 등 뒤에 두고 15년의 시민운동과 20년의 정치 활동도 할 수 있었다.

회사 통장을 맡겨버리니 편한 일도 있었다. 사업이 일어나면서부터 주변에서 돈을 빌려달라는 요청을 받곤 했는데, 그때마다 "집사람이 통장 관리를 하니 빌릴 수 있으면 직접 말을 해보시게" 하면 알아서 해결이 되었다.

물론 늘 편한 것만은 아니다. 법인카드의 사용 내역이 투명하게 공개되어 집사람이 전부 들여다보기에 함부로 쓸 수가 없는 것이다. 그래서 약간의 활동비는 개인 통장에 넣어달라고 부탁했다. 대신 이 활동비 내역에 대해서만은 '나를 믿고 묻지도 따지지도 말라'고 했고 지금까지 잘 지켜오고 있다.

사업이 잘되면 남자들이 흔히 저지르는 실수가 있다. 돈도 있고, 시간적인 여유도 있으니 불미스러운 행동을 하는 것이다. 그런 면에서 나는 통장을 아내에게 맡겨버렸으니 덕분에 홀가분한 셈이다.

우리 직원 중에 내가 늘 "존경스럽네요"라고 말하는 참 훌륭한 임원이 있다. 자식 중 하나가 어려서부터 발육 상태가 안 좋은 상황이었는데, 근자에는 부인이 몸이 안 좋아 자신이 직접 간 이식을 해주었다. 간 이식이 끝나면 괜찮을 줄 알았으나 수술 후 한동안 이식해 준 사람이나 받은 사람이나 후유증으로 고생하는 것을 보고 안쓰러웠다.

그럴 때, "회장님, 집사람이 병원에 입원해야 해서 조금 일찍 가겠습니다" 하면 두말없이 빨리 가보라고 배려해 주었다. 평소 자기 일이 밀리면 주말이라도 나와서 해결했기에 근무태도가 올바르고 책임감 있는 직원이라 생각해 전혀 걱정이 되지 않았다. 자기가 맡은 업무에 대해서는 조금도 흐트러지지 않는 참 인간적으로 훌륭하고 존경스러운 직원이다.

반면 현장에 근무하는 공사부장 중 하나는 부업으로 포클레인 장비 한 대를 임대하여 생활하고 있었다. 그런데 그 현장에서 직원들 간에 싸움이 생겼다. 현장에다 자기의 포클레인 장비를 투입하면서 필요한 날보다 더 여러 날을 사용하고, 더구나 비용마저 더 비싸게 요구했던 모양이다. 떳떳하지 못한 처사다. 그래서 부하 직원으로부터 항의를 받아 싸움이 생긴 것이었다. 결국 공사부장이 스스로 퇴사를 하여 무마가 되었다.

이렇듯 돈에 눈이 멀면 이권에 개입하게 되고 회사에 피해를 가져오고, 잘못된 욕심이 회사의 이미지를 실추시키기도 한다. 이권에 개입하지 않고 올바르게 처신하여 훌륭한 리더가 될 생각을 해야 한다.

 자기관리를 제대로 하지 않고 사업을 정도(正道)로 하지 않는 일부 사람들 때문에 기업에 몸담고 있는 사람들의 이미지가 훼손되어서는 안 될 일이다. 그래서 리더는 부정이나 이권 혹은 근무태만 등 회사에 피해를 주는 일을 해서는 안 되고 자기관리에 신경을 써야 한다. 기업이 존경받는 사회를 만들기 위해서는 기업하는 사람들이나 기업에 몸담고 있는 사람 모두가 자기관리를 철저히 해야 할 것이다. 그래서 우리나라도 기업하는 사람들이 사랑받고 존경받으며 선출직에도 더 많이 진출하는 선진국이 되기를 바란다.

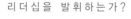

진짜 프로는
스트레스를 관리한다

세상에 고민이나 스트레스가 없는 사람이 있을까?

아마도 깊은 생각을 할 필요가 없는 어린아이나 기억을 점점 잃어가는 치매환자라면 모를까 정도의 차이는 있겠지만 세상 사람들 모두가 크고 작은 고민이나 스트레스를 안고 살아갈 것이다. 책임질 일이 많은 사람은 더 많은 고민이나 스트레스를 안고 살지 않을까 싶다. 바로 리더나 경영자처럼 말이다.

그런데 비슷한 상황에서 비슷한 일을 하는데도 어떤 사람은 스트레스를 많이 받고, 어떤 사람은 별로 받지 않는다. 그건 왜일까?

법정 스님께서 생전에 난초 두 개를 선물받았다. 평소 난초를 좋아했던지라 건강하게 키우기 위해 비료도 주고, 물도 주고, 햇볕이 너무 뜨

거우면 잎이 탈까 봐 그늘에 옮겨놓으면서 신경을 써서 보살폈다.

그러던 어느 여름 날, 볼일이 있어 외출했다가 문득 바깥에 내놓고 온 난초 생각이 났다. 땡볕에 두고 온 난초 걱정에 황급히 집으로 돌아온 스님은 난초를 서둘러 그늘에 옮기고 물을 주었다. 그러다 번쩍 깨달음이 찾아왔다. 난초를 너무 좋아해서 이 난리를 겪는구나, 하는 생각과 함께 그 유명한 "집착이 곧 괴로움이구나"라는 말씀을 남겼다.

미국의 심리학자이자 저자이며 컨설턴트인 어니 젤린스키는『모르고 사는 즐거움』이라는 책에서 "걱정의 40%는 절대 현실로 일어나지 않는 것이고, 걱정의 30%는 이미 일어난 일에 대한 것이고, 걱정의 22%는 사소한 것이고, 4%는 우리 힘으로 어쩔 수 없는 것이고, 나머지 4%는 우리가 바꿔놓을 수 있다"고 했다. 결국 걱정의 4%만 할 필요가 있는 것이고 나머지는 쓸데없는 것이란 이야기다.

스트레스를 프로페셔널하게 관리하는 방법

나는 직원들에게 가끔 스트레스 관리하는 방법을 알려주고 일상생활에 활용하기를 권한다. 고민이나 스트레스를 받아서 일을 제대로 못하면 회사 분위기도 위축되고 능률도 오르지 않기 때문이다.

그렇다면 어떻게 해야 스트레스를 적게 받고 현명한 생활을 할 수 있을까?

1. 과욕 버리기 + 낙천적·긍정적 마음 갖기 + 맷집 키우기

누구에게나 스트레스는 있다. 그러나 스트레스에 대한 역치는 사람마다 다르다. 내가 볼 땐 별것 아닌 일임에도 스트레스를 받아 괴로워하는 사람이 있고, 곁에서 보기에 큰일처럼 보이는데도 대수롭지 않게 생각하는 이들이 있다. 다만 기억해야 할 것이 있다. 스트레스를 받아 위축된 사람에게 충고한답시고 "너보다 내가 훨씬 더 스트레스를 받아. 왜 그런 것 가지고 그래?" 하고 핀잔하는 것은 옳지 않은 행동이다.

대체로 소심한 사람이나 완벽을 추구하는 사람들이 스트레스에 취약한 편이다. 스트레스를 받아 괴롭다면 생각을 바꾸는 노력을 해야 한다. 너무 완벽하게 잘하려는 욕심을 버리고 매사 낙천적이고 긍정적인 자세가 필요하다. 신경 쓰이는 일이 있더라도 "그러려니" 하고 이해하고, 이해가 안 되는 사람이 있다면 "그럴 만한 이유가 있었겠지" 하고 배려해 주자. 이처럼 마음을 내려놓는 과정을 통해 권투선수처럼 맞아도 넘어지지 않는 마음의 맷집을 키워야 한다. 왜 몸의 근육을 단련하는 데는 땀을 흘리면서 마음의 근육을 키우는 데는 노력을 등한히 하는가? 처음엔 쉽지 않을 수 있으나 반복해서 노력하다 보면 조금의 마음의 여유가 생길 수 있을 것이다.

2. 고민 같지 않은 고민을 하지 말자

고민할 필요가 없는 것, 해결되지 않는 것, 나와는 무관한 것, 고민 같지도 않은 것, 일어나지도 않을 것, 어쩔 수 없는 것, 이런 고민들은 머릿속에서 밀어내자. 미리 해야 할 고민과 막상 닥쳤을 때 조치해야 하는 고민을 구별하자. 이렇게만 해도 고민거리 자체가 적어질 것이다.

3. 타이밍에 맞지 않는 고민은 하지 말자

먼 나중의 일은 큰 줄기만 생각하고, 이미 지나간 일은 정리하고 잊어버리자. 걱정을 입에 달고 사는 사람들이 있다. "잘될까?", "거절하면 어쩌지?" 등등 말이다. 이런 사람은 걱정이 없으면 일부러 만들어서라도 걱정하는 타입이다. 부딪쳐 보고 그때 가서 고민하면 된다.

4. 반복 고민하지 말자. 몰아서 한꺼번에 걱정해서 결론을 내자

고민을 반복해서 하는 사람들이 있다. 고민에도 결론이 필요한데, 조금 고민하다가 다시 처음으로 돌아가 같은 고민을 반복하는 것이다. 어젯밤에 걱정했던 것을 오늘 밤에 반복해서 고민해서는 안 된다. 고민이 필요할 때는 한꺼번에 몰아서 고민하고 끝을 내어야 한다.

5. 우유부단하지 말고 결단을 내리자

이쯤이면 고민거리도 많이 줄어들었으리라 예상된다. 그렇다면 이제 남은 고민들은 어떻게 할까? 남은 고민들은 핵심을 2~3개로 단순화해 비교 검토하여 결정을 하면 된다. 결정을 할 때는 망설이지 말고 과감하게 결단을 내리자. 어차피 둘 다 취할 수 없는 경우라면 망설이지 말고 자기한테 좋은 쪽을 택하자. 세상살이가 다 좋고 다 나쁜 것이 어디에 있는가? 인생은 매사 갈림길에 서 있는 선택의 연속이다.

6. 과감히 행동하자. 그리고 끝장을 내자

한 발 나섰다가 반 발 물러서면 안 된다. 일단 결정했다면 두 번 생각하지 말고 행동하자. 세부 실천 계획대로 수완을 발휘하여 뚜벅뚜벅 가는 것이다. 그리고 끝을 내는 것이다. 하다 말다 하지 말고 끝장을 내자.

7. 그러고도 남은 고민은 관리하며 운명인 양 감수하자

고민을 무시하거나 잊어버리려 노력해 봐도 안 되면 피드백을 통해 고민을 해결해 보자. 그래도 안 되면 후회 없도록 최선을 다했으니 운명처럼 담담히 받아들이자. 취미생활이든, 운동이든, 여행이든 좋아하는 것을 하며 이제는 고민과 힘 빼며 싸우지 말고 무덤덤해지자.

고민이나 스트레스 없는 인생은 없다. 줄이고, 이겨내고, 관리하고, 감수하며 살아갈 수밖에 없다. 자신에게만 고민이 있다고, 그래서 스트레스받는다고 위축되지 말고 어느 정도 낙천적인 사람이 되자. '긍정의 힘'을 믿고 마음의 맷집을 기르자. 그렇다면 스트레스가 나를 괴롭게 만들지 않을 것이다.

건강도 실력이다

만약 의사 선생님이 "지금 이 상태로는 3년밖에 살지 못합니다. 대신 담배를 끊고, 운동을 꾸준히 하면서 약을 드시면 10년은 거뜬합니다"라고 말한다면 내일부터 운동을 시작하지 않을 사람이 있을까?

건강이 나빠진 뒤 건강을 챙기기 시작하면 이미 늦은 것이다.

젊은 사람은 지금 튼튼하니까 건강을 신경 쓰지 않고, 나이 든 사람은 아직은 심각하지 않다는 생각에 건강관리를 소홀히 하기 일쑤다. 그러나 건강은 건강할 때 지켜야 한다. 20대부터 건강을 지키는 것과 50대부터 건강을 지키는 것은 질적으로 다르다. 그럼에도 많은 사람들이 크게 아픈 다음에야 건강을 챙겨야겠다고 깨닫는데, 이것은 현명한 일이 아니다.

다 가져도 건강이 없다면 다 잃은 것이다

애플의 창시자 스티브 잡스가 췌장암으로 중환자실에 누워 있으면서 자신의 과거를 회상하며 남겼던 감명 깊은 메시지를 옮겨본다.

"내가 그토록 자랑스럽게 여겼던 주위의 갈채와 막대한 부는 임박한 죽음 앞에서 그 빛을 잃었고 (중략) 어두운 방 안에서 생명보조장치에서 나오는 푸른 불빛을 물끄러미 바라보고 낮게 웅웅거리는 기계소리를 듣고 있노라면, 죽음의 사자의 숨결이 가까이 다가오는 것을 느낀다. 이제야 깨닫는 것은 평생 배 굶지 않을 정도의 부만 쌓으면 더 이상 돈 버는 일과 상관없는 다른 일을 해야 한다는 사실이다. (중략) 어떤 것이 세상에서 가장 비싼 침대일까? 그건 '병석'이다."

나는 직원들에게 '배가 나온 사람은 부모 탓이 아니라 본인의 게으름 탓이다'라고 말한다. 게으른 사람은 일할 때도 열정이 없는 법이라고 말하며 직원들에게 운동을 독려한다. "건강도 실력이다", "신체적 근육은 하루아침에 만들어지지 않는다. 많은 땀과 노력에 의해서 만들어진다"며, 매일 만 보 아니면 최소한 오천 보라도 걷기 운동을 하라고 강조한다. 건강이 좋지 않으면 직장에서 일을 제대로 할 수도 없으니 본인에게도, 회사에게도 손해가 아니겠는가.

한번은 등산모임에 참석한 적이 있다. 그런데 옆 등산회의 명칭이 '백두산'이었다. 당연히 백두산을 가려는 모임이겠거니 생각했는데, 구호를 외치는 걸 보고 깜짝 놀랐다. "백 살까지 두 발로 걸으며 산다"가 아닌가. 그러고 보니 회원들이 대부분 50~60대였다. 아마도 이 사람들은 백 살까지 틀림없이 살 것 같았다.

기대수명이 100세가 넘는 시대다. 100세까지 살고자 하는 미련은 없지만, 살아 있는 동안은 두 발로 걸으며 내가 하고 싶은 일, 내가 먹고 싶은 것을 먹는 것은 현대인이라면 누구나 가진 꿈일 것이다. 그러니 튼튼한 몸과 마음은 필수다.

그렇다면 어떻게 건강관리를 해야 할까?

여기서 내가 건강에 대해 이야기하는 것은 의사나 약사의 전문 식견으로 말하는 것이 아니다. 튼튼한 몸과 마음을 지켜내고자 하는 보통의 사람으로서, 일반적이고 상식적인 의견을 말하려고 하는 것이니 참고하기 바란다.

건강을 지키기 위해서 해야 할 일

그럼 건강관리를 어떻게 해야 좋을까? 각자 자신만의 건강관리 비법이 있겠지만 나의 경우를 예로 들어보겠다.

나는 먼저 정신건강을 강조하고 싶다.

바삐 움직인다

바쁜 사람은 아플 틈도 없다는 말이 있다. 여러 갈래의 목표를 두고 바삐 살아와서인지 아픈지도 모르고 살아왔다. 사업하랴, 시민운동하랴, 정치하랴, 바쁜 인생이었다. 그럼에도 목표를 두고 바쁘게 움직이니 늘 활력이 넘쳤다.

강한 정신력으로 버티고 지나친 완벽주의를 피한다

강한 정신력이 있어야 아픈지 모른다. '이까짓 것 못 이기면 내가 아니다'라고 생각하며 적극성과 오기로 부딪친다. 다만 모든 것에 완벽주의자가 되지는 말자. 완벽을 추구하다 보면 자연스럽게 스트레스를 받기 마련이다. 스트레스는 만병의 근원이다.

스트레스 관리를 잘하고 생각을 정돈한다

나는 평소 스트레스받을 정도로는 고민을 안 하려고 노력하는 편이다. 앞에서 언급했듯이 고민거리가 생기면 빠르게 생각을 정리하여 매듭을 지어버린다. 골머리를 앓아봤자 고민은 저절로 해결되지 않는다.

쓸데없는 과욕을 부리지 말자

허황된 욕심은 자기 자신을 해치기 쉽다. 남들과 비교하면서 가지지 못한 것을 좇다 보면 어느새 피폐해진 나만 남아 있다. 발전을 위한 욕심은 괜찮지만, 그 정도가 넘어서면 과욕이다. 쓸데없는 과욕은 금물이다.

건강 상식을 넓힌다

평소 건강관리에 관한 책이나 TV 건강 프로그램을 많이 챙겨 본다. 남들이 반의사라고 놀리기까지 할 정도이나, 건강에 무지한 것보다 낫다. 많은 정보를 접하고, 그 안에서 내게 맞는 것을 찾아보도록 노력해보자.

계획과 우선순위를 정하고, 끝난 일에 미련을 두지 말자

계획을 세우고 그 계획 내에서도 우선순위를 정하여 차례차례 끝낸다. 그리고 한번 끝난 일에 미련을 두지 않는다. 그렇게 마음을 비우고 머리를 항상 가볍게 만들어 새로운 것들을 받아들일 준비를 하자. 머릿속이 복잡하면 좋은 기회를 놓치기 마련이다.

긍정적, 낙천적 마음이 평화를 부른다

걱정거리가 있을 때는 때로는 명상을 하거나, 아무 생각을 않거나, 흥얼거리거나, 뒹굴거나, 생각할 필요가 없는 텔레비전 영화를 본다. 걱정거리에서 한 발짝 떨어져 있으면 생각보다 심각한 일처럼 느껴지지 않는다. 일어나지 않은 일을 미리 걱정하지 말고, 매사를 긍정적, 낙천적으로 보면 설사 결과가 나쁘더라도 괜찮다고 생각하거나 다음에 더 잘하면 된다고 생각하게 된다. 다만 패착이 명확할 땐 같은 실수를 두 번 하지 않도록 노력한다.

다음은 신체적 건강을 다지기 위한 방법이다.

예방에 철저히 임한다

아내는 나에게 "의료보험 혜택을 제일 많이 본 사람" 혹은 "산부인과만 빼고 다 다닌 사람"이라고 존경 어린 푸념을 한다. 사람이 안 아플 수는 없다. 그러니 미리 예방하고, 병이 생겼을 때 조기에 치료하여 큰 병이 되지 않도록 한다.

각종 운동을 짬 나는 대로 한다

평소 등산대회나 골프모임에 빠짐없이 참석하는 편이다. 헬스장은 일주일에 네 번 정도 가는데, 특별한 일이 없으면 점심을 먹고 곧장 사무실로 가지 않고 헬스장으로 가서 세 시간 정도 운동을 한다. 틈날 때마다 가기 위해 사무실 주변 헬스장을 이용한다. 그리고 목욕탕에 가서 피로를 푼다. 아침에 일어나면 20~30분 정도 혹은 최소한 10분 정도라도 스쿼트를 포함하여 스트레칭을 하고 틈만 나면 집 안에서 활기차게 걷기를 한다.

음식을 가려서 먹는다

평소 음식은 제대로 먹으려 하고, 먹는 양, 먹는 종류, 먹는 시간을 지키려 한다. 먹는 양은 줄이고, 먹는 종류는 가려서 먹고, 먹는 시간은 간식이나 야식을 금하는 것이다. 이왕이면 골고루 먹으려 하고 탄수화물을 줄이려 애쓴다. 그래서 아침은 생식이나 야채와 과일, 달걀, 두부, 낫토, 고구마 같은 것들을 먹는다. 점심은 가리지 않고 잘 챙겨 먹는 편이고, 저녁은 공깃밥 2/3 정도에 반찬을 많이 먹으려 노력한다.

영양보조제나 건강식품을 챙겨 먹는다

평소 영양보조제나 건강식품 열 가지 정도를 아침저녁으로 나누어 먹는다. 물은 생수를 먹지 않고 여러 종류의 약초를 달여서 상식한다.

취미생활을 한다

나는 여행이나 운동을 즐겨 한다. 바쁜 와중에도 5대양 6대주를 다닐 정도로 부지런을 떤 편이다. 취미생활을 위해서라도 평소 건강관리를 열심히 하고 있으니 바람직한 취미생활이라 볼 수 있다.

40대에 건강관리를 제대로 하면 50대에 건강하고, 50대에 건강관리를 확실히 해놓으면 60대를 건강하게 보낼 수 있다. 그러니 한시라도 빨리 건강관리를 시작해야 한다.

모름지기 건강해야 힘이 생기고 열심히 일할 수 있다. 건강도 실력이다. 그러므로 정신적으로나 신체적으로 아프기 전에 건강을 챙기자. 건강은 땀과 노력을 쏟아야 찾아오는 것이므로 게으른 사람이나 노력하지 않는 사람들은 건강을 탓할 자격이 없다. 그러니 평소에 건강관리에 신경을 쓰도록 하자.

PART 8

조직과 인사를
이해하고
사랑하는가?

조직설계, 시스템, 인재 확보

상황에 따라 전략, 조직, 인사, 행태 및 시스템이 변화해야 한다

경영자는 끊임없이 자신이 운영하는 회사와 관련된 질문을 던져야한다.

우리 회사가 지금 경쟁력이 갖추어져 있고 이윤을 내는 회사인지, 회사를 둘러싼 산업계, 경제, 정치, 사회, 문화가 어떻게 변해가고 있는지, 외부가 변화하는 상황에서 변화를 하지 않고 이대로 나아간다면 내년에, 5년 후에, 10년 후에 우리의 모습은 어떠할지, 변하기 위해서는 무엇을 어떻게 해야 할지, 변화에 따르는 비용과 변화 후의 이익은 어떠할지 등등 말이다.

경영자는 끊임없이 외부환경의 변화를 살피고 이에 걸맞은 변화와 혁신을 위한 전략적 판단을 해야 할 것이다. 그래서 미국 고속버스 회사 그레이하운드의 회장은, "전략가의 역할은 기업을 지금 그대로가 아니라 앞으로 어떤 기업이 될 수 있는가를 미리 보는 것이다"라고 하면서 변화와 혁신을 강조하였다.

회사가 이윤을 내기 위해서는 통상적으로 다음의 네 가지 방법으로 시장 접근을 시도해야 한다.

▸ 원가우위 전략: 경쟁자보다 효율적 생산을 통해 저원가정책으로 경쟁하는 전략.

▸ 차별화 전략: 제품과 서비스를 다양화하거나 비용이 아닌 서비스나 제품의 질을 바탕으로 경쟁을 하는 전략.

▸ 넓은 시장 전략: 큰 시장에서 전면적인 경쟁을 하는 전략.

▸ 좁은 시장 전략: 시장 규모는 작으나 안정적이고 높은 수익을 올려줄 수 있는 세분화된 시장에 집중하여 경쟁하는 전략.

회사는 외부 변화에 대응하여 이 네 가지 경쟁전략을 조화롭게 사용하여 회사의 최대이윤을 창출해야 한다. 그렇다면 외부 환경이 변화할 때 어떤 식으로 시스템을 개선해야 할까?

환경에 따라 일체화된 전략, 조직과 인사와 행태 및 시스템

외부환경이 변화하면 회사는 최대의 이윤을 유지하기 위해 이에 걸맞은 방법을 찾아야 한다. 특히 전략, 조직과 인사와 행태 및 시스템을 바꾸지 않으면 안 된다. 즉 환경-전략-조직-인사-행태-시스템이 서로 일체화되어야 한다.

가장 우선적으로 해야 할 일은 환경 변화에 따른 전략의 변화를 수립하고, 그 뒤에 조직, 인사, 행태, 시스템을 갖추어나가는 일이다. 명심해야 할 것은 아무리 뛰어난 전략이라 하더라도 올바른 조직구조가 받쳐주지 않으면 안 된다는 것이다. 그래서 조직구조를 설계할 때는 방향을 분명히 정해야 한다.

▶ 전반적 설계를 할 것인가 혹은 부분적 설계를 할 것인가?
▶ 지휘명령계통이 분명한 수직적 설계를 할 것인가 혹은 창의성과 권한 위임을 위한 수평적 설계를 할 것인가?
▶ 단순한 기계적 조직의 설계로 할 것인가 혹은 유연성이 있는 사업부제나 팀제의 유기적 설계로 할 것인가?

위의 세 가지를 기준으로 방향을 결정해야 하며, 조직구조의 유형마다 각각의 장단점이 있기에 회사의 상황에 맞춰 가장 효율적인 설계를 해야 한다.

그리고 상층부의 조직뿐만 아니라 하부의 조직도 잘 작동되도록 보다 더 세부적이고 정교하게 조직을 설계해야 한다.

환경 변화에 따른 전략과 조직설계의 변화를 꾀했다 하더라도 이 구조가 가장 효율적으로 운영되는 것이 더욱 중요하다. 그러기 위해서는 인사의 정비가 필요하다. 변화된 전략과 조직에 가장 합당한 인사로의 충원과 재배치가 이루어져야 한다. 내부인사의 충원이 사기를 증진시키기에 좋지만 확실한 성과가 담보되지 않는 한 외부인사의 발탁도 고민해 봐야 한다. 더불어 인사의 충원 혹은 재배치가 밋밋한 조치가 되어서는 안 되며, 신진인사나 젊은 인재를 등용하는 등 과감하고 충격적인 쇄신인사가 효과를 볼 수 있다.

또한 회사의 행태에 대한 변화를 만들어내야 한다. 기업의 문화를 바꾸고 분위기를 일신시키는 쇄신책이 필요하다. 업무방식이나 근무시간도 바꾸고, 사무실의 위치도 옮기고, 환경미화도 고려하며 때로는 궐기대회 등 이벤트성 활동도 필요하다.

삼성그룹의 이건희 회장은 1993년, 마누라와 자식을 빼고는 모든 걸 바꾸라는 신경영을 선포하면서 일상적 근무시간인 9~6시간제를 7~4시간제로 바꾸어 근무 분위기를 일신시켰다. 그 외에 핸드폰 불량품을 줄이기 위하여 불량품을 모아놓고 불태우는 장면을 전 직원에게 보여주었는데, 이러한 충격적인 장면 연출은 전 직원에게 커다란 경각심을 불러일으키는 효과가 있었을 것이다.

현대그룹의 정주영 회장은 사옥 입구에서 이발기구를 들고 머리카락이 긴 직원들의 머리를 그 자리에서 깎아버렸다는 일화가 있다. 이 일화 역시 전 직원의 경각심을 높이는 효과를 만들어내기 위해서였다.

미국의 대표 글로벌기업 구글은 회사에 몇 시에 출근하든, 어떤 복장을 하든 상관없이 직원에게 자유를 주지만, 성과를 내지 못할 경우에는 과감히 사표를 받는다. 이 역시 직원들에게 자유와 함께 긴장감을 선사하는 과감한 일신책이라 할 수 있다.

이렇듯 기업의 문화를 바꾸고 근본을 고치기 위해서는 때로는 과감한 쇄신과 전략이 필요하다. 회사는 경영자 혼자서 이끄는 곳이 아니다. 회사를 끌고 나가는 것은 각각의 직원들의 몫이다. 그러한 직원들이 한 곳을 향해 가지 않으면 회사는 태풍에 흔들리는 배처럼 쉽게 좌

초하고 말 것이다. 그러므로 인사의 정비는 필수다.

물론 직원들이 자발적으로 움직이면서 기업 문화를 만들고 계속 일하고 싶은 회사가 되려면 기업의 분위기가 중요하다. 이러한 문화를 만들기 위해서는 성과를 낸 직원들을 대상으로 한 적절한 보상체계가 필수이며, 회사와 함께 성장하는 직원으로 만들기 위해서는 교육훈련도 필요하다. 회사는 이러한 인적 자원에 대한 투자를 아끼지 말아야 한다.

그러나 이러한 전략, 조직과 인사와 행태에 대해 변화와 혁신을 꾀한다고 해서 충분하다고 볼 수 없다. 이러한 것들이 유기적으로 원활히 돌아가기 위해서는 각종 보고 방법과 결재 단계 그리고 회의 방식의 개선을 통한 합리적이고 효율적인 시스템이 만들어지고 작동되어야 한다. 좋은 방법을 애써 강구했으나 조직이 사용하지 않으면 말짱 도루묵이 아니겠는가? 또한 이 시스템이 잘 작동하도록 지속적인 감시와 적절한 통제가 이루어져야 한다는 것을 기억하자.

이처럼 상황에 맞는 변화와 혁신을 잘하면 회사의 효율과 성과가 계속 유지될 수 있지만, 이를 등한시하거나 엉뚱한 방향으로 가게 될 경우 회사는 도태될 수밖에 없다.

그래서 나는 매년 신년사에서 우리 회사가 나아가야 할 방향에 맞는 경영 목표와 중점 과제를 발표한다. 그리고 이에 따른 조직도와 인사 및 행태를 조정하고 발표한다.

뿐만 아니라 시스템에 변화를 주기도 한다. 직원들이 자신이 맡은 분야에만 생각이 갇히지 않도록 부서 간 칸막이를 없애도록 독려하기도 하고, 멀티플레이어로서의 역할을 하도록 요구하기도 한다. 직원들이 시스템의 변화를 낯설게 느낄 수도 있지만, 익숙해지면 그때그때 상황에 맞춰서 변화하는 것을 당연하게 생각하곤 한다. 그래서 우리 회사 직원들은 크고 작은 변화를 잘 받아들인다는 장점이 있다.

요즘은 무엇이든 급격하게 바뀌는 세상이다. 어제는 맞고, 오늘은 틀리다는 말처럼 어제 다르고 오늘 다르다. 이렇게 급변하는 세상 속에서 회사의 효율과 이윤의 극대화를 위해서는 항상 환경의 변화에 따른 전략-조직-인사-행태-시스템도 변화와 혁신을 해야 한다. 직원이든 경영자든 항상 환경의 변화에 능동적으로 대처할 준비가 되어 있어야 한다. 그래야 고객의 요구에 맞는 제품 생산과 서비스가 제대로 이루어질 수 있다.

직원의 근무 의욕을 고취시키는 비결

우리나라는 대기업과 중소기업 간 채용의 난이도, 급여의 격차, 업무에서의 동기부여에 큰 차이가 난다. 그렇다면 대기업과 중소기업 간 차이가 어느 정도인지, 그리고 두 격차를 줄이기 위한 해결책은 무엇이 있을지에 대하여 알아보자.

우리나라 취업 준비생들의 대다수가 공무원이 되려고 하거나 대기업에 들어가려고 한다. 그러다 보니 중소기업에서는 54.6%가 인력부족을 호소(잡코리아, 2020년)하고 있다. 대기업 근로자의 평균 근속기간이 7.9년인 데 비해 중소기업의 근속기간은 3.1년으로 반에도 훨씬 못 미치고 있다. 이런 현상 때문에 중소기업에서는 회사를 운영할 인력 확보가 경영에 커다란 위협이 되고 있는 현실이다. 이처럼 대기업에 비해 중소기업은 직원의 채용과 유지에 어려움이 크다 보니 안정적인 경영을 하기가 어려울 수밖에 없고, 이런 현상을 개선하지 않으면 기업뿐만 아니라 국가 전체를 봐서도 심각한 자원배분의 불균형을 초래하게 된다. 뿐만 아니라 국민의 소득격차에 따른 불평등과 계층 간 위화감이 생겨 공정한 사회가 될 수 없다.

그렇다면 왜 이런 현상이 생기는 것일까? 이를 해결할 방법은 없는 것인가?

내가 생각하는 대기업과 중소기업 간의 차이는 크게 세 가지다. 첫째는 임금의 격차, 둘째는 복지의 격차, 셋째는 사회적 인식의 문제라고 볼 수 있다.

대기업과 중소기업 간의 임금 격차 심화

그렇다면 대기업과 중소기업 간의 임금은 얼마나 차이가 날까?

통계청에서 발표한 '2018년 임금근로 일자리 소득결과'에 의하면 남자의 경우 대기업의 평균 세전 임금이 501만 원이고 중소기업의 임금은 231만 원으로, 중소기업 임금이 대기업 임금의 46%밖에 되지 않아 2.2배의 격차를 보이고 있다. 여자의 경우는 1.9배의 격차를 보인 것으로 나타났다.

우리나라는 중소기업의 평균 임금이 대기업 임금의 46%밖에 되지 않지만, 일본의 경우 중소기업의 임금이 대기업 임금의 80% 정도로 중소기업과 대기업 간의 임금 격차가 크지 않다. 더군다나 일본의 대기업 평균 임금은 우리나라보다 낮으면서 중소기업의 평균 임금은 상당히 높은 편이다. 이런 차이를 볼 때 우리나라 중소기업 종사자들의 상대적 박탈감은 훨씬 크게 느껴진다. 우리나라 젊은이들이 중소기업을 기피할 수밖에 없는 이유다.

취업 준비생들이 중소기업 취업을 기피하는 것이 당연하며, 눈에 보이는 확실한 차이가 있음에도 부모들이 자식들에게 '비전 있는 중소기업에 들어가라'고 권하는 것은 어불성설이다.

사람이 일을 하는 데 있어서 임금은 가장 기본적이면서 핵심적인 부분이다. 직원의 마음에 임금에 대한 불만이 쌓인 상태라면 좋은 성과를 기대하기 어렵다. 직원들이 스스로 회사를 위해 열심히 일하겠다는 의욕을 내려면 임금에 대한 만족감이 있어야 한다.

정부에서 최저임금제나 기본소득 보장 등 소득불균형 해소의 노력보다도 먼저 '임금 격차 해소'에 힘을 쏟는다면 중소기업의 인재불균형이 해소될 것이고, 소득불균형 문제도 저절로 해결될 수 있다.

대기업과 중소기업 간 임금차별 금지법을 시급히 제정하여 일정 부분 이상 격차가 생기지 않도록 만들자. 대기업과 중소기업의 임금 격차가 어느 정도 해소될 때까지 한시적으로 각종 특별지원책을 실시하자. 중소기업 종사자에게 임금 격차를 보전해 주고 임금 격차를 행하는 회사에 세제혜택을 부여해 주자. 4대 보험의 지원, 주택구입의 우선제, 자동차 구입의 보조금, 통신비 지원, 공연과 도서구입 지원 등 각종 사회적·문화적 지원과 혜택을 주자. 이렇게 하여 대기업과 중소기업 간의 상생이 되게 하여 기업의 활력을 일으키자.

이러한 대책을 통해 젊은이들이 자기가 원하는 어떤 업종이라도 가서 성공신화를 쓸 수 있도록 만들어주는 날이 하루빨리 오기를 바란다.

경제가 튼튼하려면 중소기업이 안정되고 강해져야 한다. 중소강국을 만들어내려면 훌륭한 인재가 중소기업에도 흘러 들어가고 오래 근무할 수 있어야 하는 것은 당연하다. 그러기 위해서는 가장 먼저 임금 격차를 줄여야 한다. 가능하다면 임금 격차를 줄이고자 하는 정부의 강력한 의지와 정책이 있어야 하지 않을까 싶다. 그래야 학벌 위주의 사회체제의 악습이 교화될 것이며 사교육비 등 교육문제도 해결될 것이다. 중소기업에서 피땀 흘리는 젊은이에 대한 사회의 인식도 달라질 것이다. 종국에는 기회의 공평과 부의 재분배도 이루어질 것이다.

회사를 키울 수 있을 만한 능력 있는 직원이 어느 날 갑자기 면담을 요청한 적이 있다. 직원이 "회장님, 죄송합니다. 저 사정이 있어 회사를 그만두어야겠습니다"라고 하며 사표를 내밀었다. 나중에 알고 보니 월급과 복지가 월등히 좋은 대기업으로 스카우트되어 떠난 것이었다. 그 친구의 앞날을 위해서라면 축하해 줘야 마땅한 일이겠으나 씁쓸한 마음을 감출 수 없었다. 다른 직원과의 형평성을 고려하여 월급을 더 올려줄 수 없어 붙잡지 못한 경영자로서의 입장은 회사를 운영해 보지 못한 사람은 이해하지 못할 것이다.

이렇듯 중소기업이 당면한 직원의 채용과 이직 방지를 위해서, 또 직원들이 일하고자 하는 동기부여를 위해서 임금 격차 문제는 반드시 해결하여야 한다. 이것은 정부가 각종 지원과 혜택으로 나서서 해결해야 하고, 강제적으로 '임금차별 금지법'의 법률 제정도 검토해야 한다. 사회 전반의 인식변화가 있어야 해결할 수 있는 사회개혁이다.

괜찮은 경력직원을
어떻게 알아볼 수 있을까?

중소기업은 대기업과 달리 공채를 통하여 직원을 뽑는 것이 아닌, 그 때그때 결원이 생길 경우 필요에 따라 경력직원을 채용한다. 상시 채용의 경우 훌륭한 인재를 확보하는 것이 쉬운 일이 아니며, 괜찮은 직원을 채용하더라도 오래 근무하지 못하거나 기회를 엿봐서 이직하기 일쑤다.

한번은 새로운 현장을 개설하게 되어 기술자 채용 공고를 냈다. 건설 경기가 그리 좋지 않은 시기여서 그런지 제법 많은 이력서가 접수되었다. 서류 검토를 마치고 일부 인원에 한하여 면접을 보게 되었다. 그중 한 사람은 대기업 부장급의 현장소장 경력을 가진 사람이었는데, 나이도 50대 초반에 현장 경험도 풍부하여 여러모로 괜찮겠다 싶었다. 차분한 분위기 속에서 면접이 진행되고, 몇 가지 질문을 던졌다. 명예퇴직 후에 쉬다가 일을 다시 시작하기 위해 지원했다는 말에 고개를 끄덕였다.

"여긴 대기업과 많이 달라요. 우선 급여나 복지도 적고 현장에서의 일도 대기업처럼 많은 인원이 배정되지 않아요. 업무가 확연히 구분되어 있는 것이 아니기에 현장소장이라도 이 일 저 일 할 때가 있는데 괜찮겠어요?"

"중소기업에 다니는 동료들한테 들어서 다 압니다. 괜찮습니다."

능력이 있는 사람일 것 같아 건설 경기가 어려움에도 비슷한 연배의 다른 직원들과 비교하여 조금 더 많은 정도로 급여를 조정하여 현장에 배치하였다. 역시 큰 현장에서 근무한 경험이 있어서인지 기본적인 업무 처리를 잘했고 현장도 무난히 잘 꾸려가고 있어서 쓸 만한 직원을 채용했구나 하고 좋아했다. 그런데 약 6개월이 지났을 무렵, 한창 현장이 바쁘게 돌아가는 상황에서 현장 담당 임원이 연락을 해왔다. 현장소장이 그만두겠다고, 후임자를 보내달라고 했단다. 이유인즉, 힘들어서란다.

회사에서는 급여도 다른 직원에 비해 많이 주면서 나름의 배려를 했는데 6개월 만에 그만둔다고 하니 다소 황당했다. 현장소장을 불러 이야기를 들어보니, 생각했던 것보다 대기업에 비해 급여가 적고 잡일이 많은 데다 부하 직원들과 마찰이 심해 더 이상 이곳에서 일을 하고 싶지 않다고 했단다. 나는 두말 않고 그에게 사직서를 받았다. 그는 아직도 대기업 부장 시절의 마인드를 가지고 있었던 것이다.

이런 일이 있는 후부터 나는 대기업 출신 직원이라 하더라도 중소기업에서 근무한 경험이 없는 사람은 채용하지 않는다. 그러나 대기업과 중소기업을 모두 경험한 사람도 현장에서 오래 근무하지 못하고 떠나갔다. 이전에 받았던 급여나 혜택과 비교해 봤을 때 중소기업에서 일하고 싶은 의욕이 나지 않을 수는 있다. 그러나 내가 보기엔 일에 임하는 자세의 문제였다. 새로운 환경을 맞닥뜨렸으면 그 환경에 맞게 변화를 해야 하는데, 대기업에서 근무하던 과거의 영광에만 사로잡혀 있으니 일하는 자세를 가다듬지 못하는 것이다.

괜찮은 경력직원을 어떻게 고를까?

나는 직원을 채용할 때 학력, 혈연, 지연 등을 보지 않는다. 회사가 특별한 기술을 요하지 않기에 업무와 관련된 일반적인 기술과 약간의 전문지식만 있으면 된다. 다만 나는 사람의 됨됨이, 인성, 태도, 열정, 일하려는 자세, 협동심, 매사 삐딱하게 보지 않고 밝고 긍정적인 사람을 선호하는 편이다.

경력직원을 채용할 때는 해당 업무에 대한 경험과 능력을 중요하게 생각하지만, 유심히 보는 것은 이직의 횟수이다. 몇 달 사이에 수 차례 이직하는 사람은 그리 선호하지 않는다. 나는 이들을 '메뚜기 직장인'이라 부르는데, 이직이 빈번한 경우 대개는 능력이 부족하거나, 성격이 원만하지 않거나, 부정을 저지르거나, 근무태만의 문제를 보였다.

더불어 가정불화를 겪거나 원만한 가정을 꾸리지 못하는 사람도 조심하는 편이다. 자신의 가정도 제대로 관리하지 못하는 사람이 회사 일을 잘할 수는 없다. 가정의 안정이 회사에서의 능률과 무조건 비례한다고 볼 수는 없지만, 보통의 경우는 가정이 편안하면 직장생활도 안정적으로 하는 편이다.

그 외 면접을 보면서 다리를 꼬거나 의자 등받이에 몸을 젖히는 등 태도가 불손한 사람, 말귀를 알아듣지 못하고 동문서답하는 사람, 핵심 없이 횡설수설하는 사람, 산만한 사람, 지나치게 소심한 사람, 자기가 면접관인 양 혼자서 말하는 사람, 협동심 없는 독불장군 타입, 오기가 있거나 성격이 모난 사람은 모두 배제한다. 이런 사람은 분쟁의 소지가 많거나 오래 근무하지 못하는 경우가 있기 때문이다.

그리고 면접을 통과한 사람에 한해서 최근에 근무한 회사에 전화해서 인성과 능력에 대해서 확인해 보고 채용을 최종 결정한다. 왜냐하면 간혹 허위와 과장으로 서류를 꾸며 면접을 보는 사람이 있기 때문이다.

모든 회사가 그렇지만 중소기업은 특히 직원관리에 신경을 써야 한다. 능력 있는 직원에게는 적절한 보상을 통해서 만족감을 주고, 꾸준한 교육의 기회를 주어 성장할 수 있게 만들어주어 다른 곳으로 빠져나가지 못하도록 해야 한다.

그렇다고 모든 직원이 A급의 능력을 발휘할 필요는 없다. 회사에는 책임감을 가장 큰 무기로 묵묵하고 꾸준하게 일하는 사람도 필요하기 때문이다. 이런 직원들은 애사심이 있고, 성실하고, 정직하고, 협동심이 있어 조직 생활에 적합하다. 이집트의 피라미드가 수천 년을 버틸 수 있었던 것은 아랫부분이 가장 단단하게 받치고 있기 때문이다.

간혹 공들여 키운 인재가 대기업으로 빠져나가는 등의 가슴 아픈 경험을 할 때도 있지만, 남다른 촉과 날카로운 눈으로 인재를 골라 적재

251

적소에 배치한 덕분에 28년간 무리 없이 회사를 운영할 수 있었다. 늘 좋은 직원만 있는 건 아니듯 늘 나쁜 직원만 있는 것도 아니다. 각자의 능력이 다르므로 경영자와 리더는 해당 직원에게 어떤 능력이 있는지 면밀히 살펴 자신의 능력을 펼칠 수 있는 자리를 마련해 주는 것이 좋다. 묵묵히 계산을 잘하는 직원을 기획 파트에 넣거나 창의적인 직원을 토목 현장에 배치할 수는 없는 노릇 아닌가.

중소기업의 인재관리란 그래서 최대한의 성과를 내기 위한 효율성의 추구, 그 자체다.

이처럼 중소기업은 대기업과 비교하여 직원을 채용하고 관리하는 데 어려움이 많다. 인재 확보도 쉬운 일이 아니지만 잘 키운 인재를 대기업에 보내야 하는 뼈아픈 경험을 해야 할 때도 있다. 그럼에도 사람의 됨됨이와 인성을 갖춘 직원이라면 함께 가는 데 무리가 없다. 이러한 사람들을 잘 골라 각 부서의 적재적소에 배치하여 최대의 성과를 올리는 것 역시 경영자와 리더가 해야 할 일이다.

기밀업무 처리와
금전사고 예방을 위한 방법

회사의 업무는 일상 업무가 있는가 하면 예외적이고 중요한 업무도 있다. 회사의 전 직원과 외부에 공개해도 좋은 업무가 있는가 하면, 소수의 인원만 알고 보안을 지켜야 할 기밀업무도 있다. 그래서 회사에는 문서보관 방법과 열람 범위에 관하여 특별 규정을 해놓는다. 경쟁업체에 알려지면 안 될 신제품의 기술 개발이나 제품 출하 시기 혹은 회사의 영업비밀이나 거래처 정보, 회사의 전략과 특별자금 사용이 내·외부에 알려져서는 안 될 기밀업무의 예이다.

어느 자재회사 사장으로부터 영업담당 직원이 영업과 거래처 관리를 담당하다가 별도로 독립하여 똑같은 자재회사를 설립했다는 소식을 들었다. 사장은 기존 거래처를 대부분 빼앗아 가버려서 회사가 어려움에 처했다고 토로했다. 거래처를 빼앗겼다는 충격도 컸지만, 직원을 온전히 믿고 전적으로 맡겼다가 믿는 도끼에 발등 찍힌 꼴이 되었다며 그는 치를 떨었다.

가끔 신문을 보면, 선박 회사의 기술자가 핵심 설계도면을 빼가서 해외 경쟁회사의 선박회사에 취업했다거나, 반도체 업계의 연구소 직원이 거액의 연봉을 받고 중국 기업으로 스카우트되어 갔다는 이야기를 심심치 않게 접한다.

이런 일을 미연에 방지하려면 회사는 어떻게 해야 할까?

'믿고 맡길 만한 사람'에게 중책을 맡기는 지혜

일차적으로는 보안관리규정을 잘 정비해 두고 보안점검에 철저해야 한다. 그러나 결국 사람이 하는 일이라 일을 믿고 맡길 수 있는 사람 관리에 가장 크게 신경을 써야 한다. 사람의 성격이나 됨됨이를 보고 적임자라고 생각되는 사람을 기밀업무에 배치해야 하지만 그게 말처럼 쉬운 일은 아니다.

나 역시 28년간 사업을 운영하면서 사람에게 크게 데인 적이 몇 차례 있다. 그 경험을 통해 나 스스로 터득한 사람을 판별하는 방법을 소개해 보고자 한다.

사람의 성격이나 특성에 따라 흔히 지장(智將), 덕장(德將), 용장(勇將)으로 구분한다.

『삼국지』의 인물에 비교하면, 지장은 제갈량 같은 타입으로 지적이고 냉철하며 분석적, 전략적 사고의 소유자로서 기획, 통계, 전략, 연구개발, 감사, 조직, 인사, 공무 관련 업무에 적합하다.

덕장은 유비 같은 타입으로 따뜻하고, 부드럽고, 배려하며 협력, 포용, 이해해 주는 포용적, 관리적 사고의 소유자로서 총무, 협상, 거래처 관리, 지원, 총괄 관련, 대외 협력 업무에 적합하다.

용장은 장비 같은 타입으로 용감하고, 도전하고, 밀어붙이고, 해결하는 도전적, 해결사적 사고의 소유자로서 영업, 현장관리, 통제, 문제 해결, 결단, 실행 관련 업무에 적합하다.

그런데 『손자병법』에서는 여기에 복장(福將)을 하나 더 넣는다. 이 복장이란 운이 좋고 신이 돌봐주어 전쟁에서 이기고 승리하는 장수를 일컫는다. 그러면서 "용장은 지장을 이길 수 없고, 지장은 덕장을 이길 수 없으며, 덕장은 복장을 결코 이길 수 없다"고 했다. 회사에서 어떤 일을 앞두고 있을 때 한번쯤 새겨볼 만한 얘기다. 회사에서는 투자분석이나 심사 혹은 견적이나 입찰 등 위험하거나 불확실한 업무, 또는 손익에 크게 영향을 끼치는 중요한 업무처럼 위험한 의사 결정이나 확률에 의거한 결정을 해야 하는 경우가 있다. 이때 운이 좋아서 하는 일마다 잘 되는 사람한테 담당하도록 한다.

사람의 성격에 대한 분류는 명확하게 하기 어렵고, 사람의 성격이 한쪽으로만 기울어져 있는 것도 아니지만, 큰 틀에서 봐서 적재적소에 직원을 배치하고 업무를 배분해야 회사가 효율적으로 돌아가 성과를 낼 수 있다. 다만 연구개발과 같은 업무는 지장 타입이 적당하다고 할 수 있으나, 상황에 따라 단기간에 업무를 완료해야 할 경우가 생겼다면 밀어붙이고 결단을 내리는 장비와 같은 용장 타입이 문제를 잘 해결할 수 있다. 이렇듯 상황에 따라 알맞은 타입의 사람을 써야 한다.

그렇다면 어떤 유형의 사람이 기밀업무에 적합할까? 크게 봐서 덕장 같은 사람일 것이다. 믿을 수 있는 사람, 애사심이 강한 사람, 성실하고 정직한 사람, 탐욕적이거나 이기적이지 않은 사람, 양심적인 사람, 충성심이 강한 사람, 변심하지 않을 사람, 이런 종류의 사람이 좋을 것이다.

반면 기밀업무에 적합하지 않은 사람은 정의감이 부족하고 도덕적·양심적이지 못하고 공적으로나 사적으로 자기관리가 철저하지 못한 사람이다. 평소 욕심이 지나치거나 출세욕이 강한 경우에도 자신의 이익을 위해 변심하기 쉬우므로 각별히 주의해야 한다.

또한 회사의 금전사고를 예방하기 위해서 적합한 사람을 선정하는 일도 위의 기밀업무와 마찬가지의 경우이며 이를 방지하기 위한 시스템의 정비도 필요하다.

회사에서 기밀유출 사고와 같은 이슈가 발생해서는 안 된다. 빈번하게 벌어지는 일은 아니겠지만 한번 발생할 경우 회사 입장에서는 그동안 쌓아온 자원들이 단번에 무너질 수 있으므로 각별히 주의해야 한다. 그러므로 이런 일을 방지하기 위해서는 제도적인 보완뿐만 아니라 사람관리 역시 중요하다. 기밀업무 및 금전사고 예방에 적합한 사람을 고르는 안목과 평소 직원들을 관찰하며 신뢰할 만한 사람인지 가리는 능력을 길러보는 것도 좋겠다. 겉모습으로 사람을 판단하기보다 오래 지켜보며 변하지 않는 사람을 곁에 두길 바란다.

사업 지속성, 창립 후
5년에 달렸다

회사를 창업한 뒤, 1년 혹은 5년 후까지 살아남을 수 있을까?

회사를 창업하는 사람이야 사업가로서의 성공이라는 큰 꿈을 가지고 시장에 뛰어드는 데 반해 현실은 어떨까?

중소벤처기업부에서 발표한 '창업기업 생존율 현황(2019년)' 자료를 보면 창업 후 1년 생존율은 65%, 5년 차 생존율은 29.2%이다. 다시 말해 1년 후에는 10개 회사 중 6.5개 정도가 살아남고, 5년 후에는 3개 정도밖에 살아남지 못한다는 것이다.

우리가 많이 접하는 숙박·음식점의 1년 후와 5년 후의 생존율을 비교해 보면 1년 생존율은 61%, 5년 후 생존율은 19.1%로 1년 후에는 10개

음식점 중 6개, 5년 후에는 2개 정도밖에 살아남지 못한다. 참고로 5년 후의 생존율이 예술·스포츠·여가서비스업(헬스장, 실내경기장)은 18.4%, 도·소매업은 26%, 청소·경호·여행사업은 26.3%이다.

회사 생존 현황을 보니 참담하지 않은가? 창업 후 5년 만에 10개 중 최소 7개의 회사가 문을 닫는다는 것 아닌가?

경제협력개발기구(OECD) 주요국의 평균 생존율은 그나마 41.7%가 되는 반면, 우리나라는 이에 크게 못 미처 창업 후에도 살아남기 어려운 환경이라는 것을 알 수 있다. 이는 '생계형 창업'과 같이 별다른 경쟁력 없이 떠밀리듯 창업을 하는 경우가 많기 때문이다. 그나마 창업 준비 기간도 6개월 정도밖에 안 되는 현실이다. 앞으로는 생계형 창업보다는 기술형 창업이 될 수 있도록 정책적 지원이 필요하다는 생각이다.

창립 후 5년, 어떻게 해야 무사히 넘길 수 있을까?

위의 통계는 창업 후 사업이 5년을 넘기기가 얼마나 어려운지를 말해준다. 그러므로 우리한테는 이 기간을 잘 헤쳐나가는 지혜가 필요하다.

회사 업종마다, 또 사람마다 사정이 다르겠지만 내가 회사 설립 후 5년 동안 어떤 과정으로 어려움을 견뎌 28년간 버텨왔는지 사례를 들어 얘기하고자 한다.

나는 건설업종에서 직장 경험을 쌓았기 때문에 직장생활을 그만두고 동종 사업을 해야겠다는 결심을 했다. 퇴직금 1,500만 원을 가지고 시작한 사업이었다. 건설업에 관련된 실무지식은 충분했기에 열정과 투지 하나로 망설임 없이 덤벼든 것이다.

건설업 특성상 면허를 취득해야 하고, 이를 위해선 막대한 자본금을 마련해야 하는데 개인적으로는 이것이 가장 어려웠다. 집을 담보로 일정분을 마련하고 부족분은 사업을 하는 친구를 찾아가서 은행 담보를 부탁했다. 내 성격을 잘 아는 친구는 차용증도 필요 없다면서 흔쾌히 담보를 잡혀주어 자금을 마련할 수 있었다. 나 하나 믿고 담보를 잡혀준 친구가 고마웠기에 신용을 지키겠다는 의미로 아무것도 필요 없다는 친구에게 집문서를 던져주었다. 반드시 보답하겠다는 약속과 함께였다.

이렇게 강원도 춘천에 본사를 두고 건설업을 시작했다. 본사 사무실은 춘천에 마련하고 거주하는 집은 서울이었으므로 서울과 춘천을 오갔다. 수입이 없어서 운영비마저도 부족한 상황이라 춘천에는 조그만 사무실을 마련하고 서울에서는 지인의 사무실 한 모퉁이를 빌려서 사용했다. 사정이 이렇다 보니 모든 사무비품은 중고로 마련할 수밖에 없었고, 불필요한 지출은 줄여가며 생활했다.

그럼에도 회사를 시작한 뒤 약 1년 동안은 공사 수주가 신통치 않아서 수입이 거의 없었다. 이때 심적으로 가장 힘들었는데, 흔들릴 때마다 "나는 사업을 성공시킬 거야", "이런 것도 못 해내면 사람이 아니다"라는 말을 되뇌며 스스로를 다잡았다. 누구의 도움 없이 성공하겠다는 자존심 하나로 세상과 맨몸으로 부딪쳤다.

수입이 없는 시간이 길어지자 점심을 굶는 경우도 다반사였다. 점심시간이 지난 뒤 친구의 사무실을 방문한 날, 이날도 점심을 못 먹고 간 터라 배에서 '꼬르륵꼬르륵' 소리가 유난히 크게 났다. 눈치 없는 배 속이 창피한 줄도 모르는 듯했다. 그 소리를 들은 친구가 말했다.

"아니, 여태 식사 안 했어? 그럼 같이 먹으면 좋았잖아, 이 친구야."

"시간이 없어서. 이따 먹으면 돼."

이렇게 얼버무리고 말했지만 사무실을 나오면서 눈물이 핑 돌았다. 아무리 친구라지만 사업이 어려운 모습을 보여주고 싶지 않았다. 이렇게라도 나를 지키고 싶었다.

상황이 이런지라 집에 생활비도 제대로 주지 못하는 형편이었다. 오히려 회사운영비로 쓰기 위해서 결혼 패물마저 팔 수밖에 없었다. 그마저도 부족할 때면 아내가 친척이나 지인에게 돈을 빌려오곤 했다. 내가 남한테 아쉬운 소리를 못하는 성격이라는 것을 잘 알기 때문에 아내가 돈을 빌려온 것이다.

다만 그런 와중에도 이자 내는 날짜는 지켰다. 하늘이 두 쪽이 나더라도 신용을 지킨다는 생각으로 약속된 날짜는 하루도 넘기지 않았다. 이런 성격을 알기에 친척들이 돈을 걱정 없이 빌려주었고, 어떤 때는 이자를 제 날짜에 받기가 미안하다면서 도리어 과일을 사다 주기도 했다. 금전 거래에서 약속을 지키지 않는 사람은 사업할 자격이 없다고 믿는 나는 약속을 철저히 지켰다.

사업을 시작하고 1~2년 동안을 창업가 정신으로 버티다 보니 3~4년부터는 어느 정도 안정이 되고 기반이 잡혀가기 시작했다. 그렇게 5년이 지나고 어느덧 28년이란 세월이 흘렀으니 참으로 긴 세월이다. 그동안 IMF 외환위기와 세계금융위기를 겪었지만 직원 월급날을 하루도 넘긴 적 없이 사업을 키워온 것에 감사할 따름이다. 결국 회사를 긴 시간 운영할 수 있었던 힘은 사업을 기필코 성공시키겠다는 열정과 창업가 정신이 투철했기 때문이며 나의 사업 업종에 대한 전문적 지식을 충분히 쌓아둔 덕이다. 그리고 수없이 발생하는 어려운 이슈들을 뚝심과 인내심을 가지고 해결해 간 문제 해결력과 위기관리력이 있었기 때문이다.

사업은 결코 두려워할 일은 아니지만 또한 가볍게 시작할 일도 아니다. 한번 해보고 잘되면 좋고 안 되면 어쩔 수 없다는 태도 역시 문제다. 사업을 시작한다는 것은 본인의 인생이 달린 문제를 넘어 온 가족의 안위가 달린 문제라는 것을 기억하라. 사업을 시작한다면 반드시 성공하겠다는 각오를 바탕으로 철저한 준비와 피나는 노력도 함께해야 한다. 더불어 어려운 일에 처하더라도 헤쳐나갈 수 있을 거란 강인한 창업가 정신을 언제나 잃지 말아야 한다.

그렇게 사업을 시작하고 5년을 넘기면 기반이 단단해지고 새로운 도약을 향한 힘이 생길 것이다. 창업 후 5년, 그 시기를 잘 넘겨 성공의 길로 가기를 바란다.

PART 9

회사는
실적으로
살아가고 있는가?

성과, 영업 / 수주, 투자 / 자체 사업

실적으로
말할 수 있는가?

판사는 판결문으로 말한다는 법언이 있듯이 판결문은 국가의 대리인인 법관의 생각이 담긴 공적 결과물이다. 그렇다면 회사는 무엇으로 말할까? 바로 실적이다.

실적이 있어야 회사가 유지되고, 조직을 운영하고, 기술개발을 하고, 홍보와 마케팅을 충분히 할 수 있다. 또한 상품과 용역을 생산해 낼 수 있으며 직원을 채용하고 급여를 줄 수 있다. 그러므로 실적이 있어야 회사가 살고, 실적이 없으면 기업은 멈출 수밖에 없다.

회사는 알아서 굴러가는 바퀴가 아니다. 부단한 노력과 체계적인 업무를 통해서 살아남기 위해 죽기 살기로 실적을 내야 하는 곳이다. 실적을 내지 못하면 살아갈 수 없는 곳이라는 사실을 기억하자.

'책상 앞 시간'보다 '실적'이 실력이다

실적을 내기 위해서 회사는 끊임없이 외부 환경을 점검하고 내부혁신을 일으켜 조직의 효율성과 생산성이 향상되도록 노력해야 한다. 훌륭한 인재를 채용해 교육과 훈련을 시켜 조직을 단단하게 만들고, 성장한 인재들을 통해 경쟁에서 살아남기 위한 제품을 연구개발해야 한다. 이러한 과정을 통해 실적을 내고 살아남는 곳이 회사다.

그렇기 때문에 경영자는 실적을 최우선에 둘 수밖에 없다. 매출실적, 수익률실적, 생산실적, 불량률실적, 개발실적, 특허실적 등 각 부분별 실적에 대한 목표를 설정하고 실적을 달성하기 위해 동기부여와 독려를 하며 이에 따른 평가와 신상필벌을 하게 된다. 실적달성에 대한 추세를 분석하며 실적부진을 만회하기 위한 강력한 통제와 추진의 드라이브를 걸 수밖에 없다.

그러나 많은 직원들은 여덟 시간 자리에 앉아 일을 하면 '오늘 열심히 일했다'고 생각한다. 그러나 직원들은 각자 자기 직분에 맞는 일을 해야 일하는 것이다. 나는 직급에 맞지 않는 일을 하면 그건 노는 것과 마찬가지라고 생각한다. 임원은 임원으로서 해야 할 일이 있고, 부장은 부장의 직분에 맞는 일을 해야 한다. 간부가 사원의 일을 열심히 한다면 그 사람이 자신의 일을 했다고 할 수 있겠는가? 나는 그런 간부한테 그럴 바에는 차라리 직급을 버리고 말단 사원이 되라고 야단친다.

회사 직원들이 모두 쉬운 일을 하고자 한다면 회사의 어렵고 큰일은 누가 하겠는가? 그래서 직원들은 각자 자신의 직급에 맞는 일을 해야 하고, 또 그에 걸맞은 성과를 내야 한다는 것을 잊지 말아야 한다. 더불어 아무 성과도 내지 못하고 그저 코 박고 여덟 시간 동안을 책상에 앉아 있는다고 해서 어디 그것이 일하는 것인가? 실적을 내지 않는 근무 시간은 시간 때우는 것이요, 노는 것이지 일하는 것이 아님을 알아야 한다.

직원 한 사람 한 사람의 실적이 회사를 살린다

그렇다면 회사가 필요한 돈을 벌기 위해서 각자 어느 정도의 매출을 올려야 할까?

건설회사에서는 현장에서 연간 1인당 15~20억의 매출을 올려야 회사 운영이 유지된다고 본다. 그렇기 때문에 현장직원이 목표 매출을 올리지 못한 경우는 자기 몫을 다하지 못했다는 점에 대해 반성하고 무엇이 문제였는지 고민해 봐야 한다. 본사 직원의 경우 자기 급여의 2~3배의 매출을 올려야 자기 몫을 하는 것이다. 직원 각자가 이 점을 명심하고 자기의 급여가 어디서 나오고 회사의 운영비는 어디에서 나오는지를 생각해 봐야 한다. 아울러 자기가 충분히 자신의 몫을 하고 있는지를 생각해 보라.

매월 말이 되면 목표한 보험 약정액을 채우기 위해 동분서주하는 보험설계사들을 흔히 본다. 금융회사의 지점장들 역시 실적에 승진이 달려 있기 때문에 월말이나 연말이면 애를 태우는 경우도 본다. 이렇듯 눈에 보이는 실적이 있어야 회사도 살아가고 유지가 된다. 또한 개인 역시 자기의 실적에 따라 회사에서 인정을 받게 되는 것이니 실적을 내기 위해 노력해야 한다. 단, 그저 열심히 일한다고 해서 훌륭한 직원이 아님을 명심해야 한다.

제약회사 영업직원이라면 부지런히 병원이나 약국을 돌아다니더라도 결국은 약을 팔아야 우수한 영업맨이다. 설사 골프를 치더라도 큰 거래처와 계약을 성사시킨 사람이 회사에 이익을 가져다주는 것이다.

그러니 무턱대고 열심히 일하려 하지 말고 어떻게 하면 실적을 낼 수 있는지를 생각하고 일을 해야 한다. 습관적으로 부지런히만 하려는 착한 직원이 되지 말고 실적을 내서 회사에서 없어서는 안 될 필요한 직원이 되어야 한다.

놀면서 실적 내는 사람은 A급 직원이고, 열심히 일하면서 실적을 내는 사람은 B급 직원이지만, 열심히 일하면서 실적도 내지 못하는 사람은 C급 직원이다. 각자가 맡은 직분에 충실하고 그에 걸맞은 실적을 내야 한다. 회사는 실적이 있어야 살 수 있다. 그러므로 직원은 실적으로 말해야 한다. 물론 실적으로 파악하기 곤란한 업무도 있을 것이다.

회사의 생명줄, 영업과 수주

회사가 성장하기 위해서는 영업과 수주(受注)에 온 힘을 집중하기 마련이다. 회사는 제품이나 용역을 팔아서 수익을 내야 하기 때문이다.

한번은 오피스텔 신축 공사를 소개해 주겠다는 사람과 약속을 했다. 전화 상담으로 봐서는 공사 금액도 100억 가까이 되고 공사비 단가도 괜찮은 듯했다. 기술직 직원과 회사 사장인 아내와 함께 시행사 사람을 만나 많은 얘기를 하고 회사로 돌아오는 길이었다.

"이 사장, 공사 내용도 좋고 공사비도 괜찮아 보이는데 어때? 분양에 따라서 공사비를 주겠다는 조건이 있어서 일부 공사비 수금에 조금 걱정이 되긴 하지만."

나는 공사 수주의 상담이 있을 때마다 으레 아내를 데리고 간다. 내가 잘못된 판단을 할 경우 옆에서 도움을 주기 때문이다.

"이번 공사는 수주하면 안 될 것 같아요."

아내의 결론이 상당히 단호하여 나는 다시 물어보았다.

"물론 건축주와 직접 대면해 보면 정확한 내용과 수주 가능성을 알 수 있겠지만 저 시행사 사람의 얘기로는 가능성이 괜찮을 것 같은데 당신은 어떤 근거로 안 될 거라고 하는 거야?"

"시행사 사람이 내용을 잘 모르거나 듣기 좋게 부풀리고 있는 것 같아요. 그 사람 입고 온 와이셔츠 봤어요? 3일 정도 안 갈아입은 것처럼 소매 끝에 때가 많이 묻어 있고, 와이셔츠가 구겨졌는데도 다려 입고 오지 않았어요. 실적이 없어서 집에서 부인한테 대접을 못 받아서 그런 걸 거예요. 본인 옷매무새 관리도 못 하는 사람이 저 정도 규모의 일을 제대로 처리하기는 무리일 거예요. 내가 볼 땐, 그 사람 실적도 없으면서 뻥튀기하는 거 같아요."

사무실로 돌아와 건축주한테 직접 확인 전화를 해보니 중요한 내용에서 많은 차이가 났다. 건축주 말에 의하면 더 이상 수주하고 싶지 않을 정도의 저렴한 공사 단가였고, 공사비 수금이 모두 분양에 연결되어 있었다. 다시 말해 분양이 안 되면 공사비를 받기 어렵고, 공사하는 중에 공사비용을 우리 회사가 전액을 선투입해서 건물을 완공시켜 줄 가능성도 있다는 것이었다. 시행사 사람은 나중에 다 밝혀질 일인데도 시행사의 경비부터 받고 싶어서 과장을 한 것이었다. 결국 공사 수주 건은 없던 것으로 했다. 이처럼 공사 수주는 말처럼 쉬운 일이 아니다.

영업과 수주, 회사의 흥망을 결정한다

영업을 하여 판매나 수주를 하지 못하면 매출이 생기지 않아 회사가 어려워질 수 있다. 특히 건설회사의 경우에는 수주가 없으면 공사 현장이 없어지고 기술자와 직원들은 할 일이 없어 고용 불안에 시달린다. 반대로 수주가 많으면 회사는 활력이 생기고 회사가 잘 돌아가게 된다. 그래서 건설 회사를 일명 수주산업이라고 한다. 이처럼 수주는 회사의 흥망을 결정하는 가장 중요한 일이다.

이것이 어디 건설회사만의 일이겠는가? 어느 기업이고 매출을 올리기 위해서 판매를 많이 해야 하고, 그래야 생산과 기술개발이 이루어지고 홍보와 마케팅업무도 덩달아 활발해지는 것이 아니겠는가?

과거 두 조미료 업체가 시장 점유율에서 우위를 차지하기 위해 회사끼리 사활을 걸고 판촉 경쟁을 벌였던 이야기를 기억하고 있을 것이다. 이런 일은 비단 조미료 업체에서만 일어나는 것이 아니다. 소주업체, 맥주업체 간의 치열한 출혈 경쟁도 시장 확보를 위해 영업에 매진한 사례로 볼 수 있다.

어느 맥주업체는 경쟁업체를 이기기 위해 전사적 영업 체제를 갖추고자 최고책임자인 사장을 영업 출신으로 임명하고 회사의 모든 시스템을 영업우선정책으로 바꾸었다. 맥주 최종 판매처인 술집의 모든 애로사항을 수시로 듣고 반영해 주었음은 물론, 고객과 직접 접촉하는 영업직원들한테는 열정과 사기를 고취시켜 주었다. 뿐만 아니라 예산과 인력을 최대한 지원하면서 영업에 총력을 기울였다. 그 결과로 경쟁 회사를 이기는 큰 성과를 냈다.

또 어느 의류업체는 영업을 제대로 하기 위해서 시장조사부터 철저히 하기로 방침을 세우고 고객에게 끊임없이 세 가지를 물어보았다.

"왜 우리 회사 제품을 사십니까?"

"왜 우리 회사 제품을 사지 않고 다른 회사 제품을 사용하십니까?"

"어떻게 하면 다른 회사 제품을 사지 않고 우리 회사 제품으로 바꾸시겠습니까?"

이렇게 고객의 욕구를 철저히 파악하는 시장조사부터 시작하여 영업활동 강화 및 판매를 확대했다고 한다. 이처럼 회사마다 사활이 걸린 영업과 수주에 모든 지혜와 노력을 다 기울여야 하는 것은 당연한 일이다.

여기서는 내가 종사하고 있는 건설회사의 영업과 수주에 대해 보다 더 깊이 있게 언급하고자 한다. 세밀한 부분은 차이가 있겠으나 영업의 큰 틀은 다른 업계도 유사할 테니 참고하기 바란다.

건설회사의 영업과 수주업무는 크게 분류하면 관급 공사, 민간 공사, 자체 사업 이렇게 세 분야로 나뉜다. 이 세 개의 영업과 수주 형태를 어떻게 잘 짜고 그에 걸맞은 조직설계와 인재를 만들어내느냐에 따라 결과가 결정된다. 여기선 공사 종류에 따라 관급 공사의 영업과 수주 방법, 민간 공사의 영업과 수주 방법, 자체 사업에 대해서 알아보겠다.

관급 공사 수주는 회사의 안전판

정부에서 발주하는 공사는 입찰에 의해 수주를 하게 된다. 입찰제도에 따라 입찰 방법과 참가 자격, 업체수가 차이 난다. 일부 대형건설회사에 국한하여 입찰이 이루어지는 턴키공사(설계와 시공의 일괄공사) 입찰과 기술형 입찰이 있지만 나머지 대부분의 공사들은 적격심사의 입찰 방법으로 이루어진다.

관급 공사를 수주하게 되면 어떤 종류의 공사는 이익은커녕 손해가 나기도 하지만 대체적으로 일정분의 이익을 실현할 수 있고 정부의 건축이나 토목공사이기에 중도에 공사가 중단될 일도 없다. 또한 공사비를 선급금으로 받으면서 시공을 하고 제때에 수금이 이루어질 뿐만 아니라 못 받을 일이 없기 때문에 건설회사는 관급 공사 수주에 심혈을 기울인다.

그러나 요사이 관급 공사 낙찰은 분석력이나 실력에 의한다기보다는 운의 영향을 많이 받기도 해서 '운삼기칠(運三技七)'의 '운찰'이라고까지 한다. 실제로 얼마 전에는 90억 정도 입찰에서 낙찰가격보다 5만 원 높게 투찰하여 2등을 하는 바람에 낙찰을 놓쳐 아까워서 잠을 제대로 못 잔 일도 있었다.

다음 날 투찰한 김 부장을 불러 "김 부장, 여기 5만 원 가져라. 5만 원에 90억 공사를 놓쳐?" 하고 제일 섭섭해하는 김 부장을 위로해 준 적도 있다.

관급 공사가 이런 운찰의 경향이 있기에 투찰을 담당하는 직원 외에 2~3명의 다른 직원에게도 별도로 투찰금액을 만들어보게 하여 운이 좋은 직원으로 입찰을 보게 하기도 한다. 그만큼 관급 공사를 수주하는 것이 어렵다.

민간 공사는 서로 윈-윈하는 수주가 돼야

민간 공사는 원룸, 빌라, 오피스, 상가, 공장, 아파트의 신축 공사, 재건축 공사 등을 회사에서 직접 접촉하여 수주한다. 때로는 지인, 시행사, 설계사무소, 협력업체의 소개를 통해서 공사 상담이 이루어지기도 한다.

민간 공사 수주에는 무엇보다도 회사의 경쟁력이 있어야 한다. 많은 시공 경험, 기술력, 자금력, 신뢰도가 갖추어져 있어야 하는 것은 필수다.

28년 동안 아파트 재건축 공사, 주상복합건물 신축 공사, 공장, 빌라 등 수많은 공사를 해오면서 건축주와 아무런 잡음 없이 일을 마무리할 수 있었던 이유는 회사의 명예를 내 생명같이 지키려는 의지와 철근 한 토막도 빼먹지 않겠다는 신뢰가 있었기 때문이다. 회사의 경쟁력과 믿음을 지키고자 하는 의지이기도 했다. 자체 빌딩을 여러 개 보유하고 있으면서 그것들을 직접 운영하는 튼튼한 자금력과 안정된 회사로서의 공신력이 민간 공사 수주에 큰 보탬이 되어왔다.

그래서 나는 늘 직원들에게 당부한다. 공사를 끝낸 후에 건축주와 웃을 수 있게 공사를 하자. 당초의 계약을 어떤 이유로도 딴지 걸지 말고 약속을 이행하자. 시공하는 도중에 찡그리며 불편을 주지 말자. 그러기 위해서 거짓이나 저가 수주는 하지 않아야 한다고 말한다. 서로 손해 보면서 공사를 진행하는 것은 건축주나 시공사 서로에게 좋지 않은 결과를 초래할 수 있기 때문이다.

그러나 민간 공사라는 게 사적인 관계의 계약이기 때문에 더러 말썽이 생기기도 한다. 허위나 과장에 의해서 현혹되어 계약이 이루어지기도 하고, 설사 계약이 되었더라도 주위 민원이나 조합원들 혹은 동업자 간의 불협화음으로 공사가 착공도 못 하는 경우가 생기는 것이다. 때로는 자금 부족이나 분양 저조에 따른 공사 중단 내지는 지연이 일어나기도 한다. 그러므로 우리 회사는 책임과 신뢰로 허위나 과장 없이 일을 진행하고자 하지만 일부 건축주나 시행사의 나쁜 의도 혹은 오판에 의해 위와 같은 곤란한 경우가 생기기도 한다. 그래서 민간 공사를 수주하려 할 때는 신중을 기해야 한다.

오래전에 시행사를 통해 부산에서 재건축 공사를 하게 되었다. 통상 2년 정도면 되는 것을 공사기간만 3년 반이 걸렸다. 이렇게 공사가 오래 걸렸다는 것은 그간의 맘고생이 심했다는 말과 같다. 설계에도 없는 공사들을 무조건 무료로 해달라고 조합에서 요구하거나 억지를 부리고, 막무가내로 조합의 운영비와 시행추진비를 빌려달라 하는 데다 조합분담금마저 제때 주지 않으려 하여 정말 많은 고생을 했다.

또 한번은 오피스텔을 추진하는 조합과 시행사가 우리에게 대지 잔금과 시행추진비를 선투입금 형식으로 빌려주면 공사 계약금에 그만큼 올려주는 조건으로 시공 계약을 한 적이 있다. 그러나 결국 조합 측에서 인허가를 받지 못해 착공도 못 하는 바람에 일부 투입금마저 돌려받지 못해 마음고생을 실컷 한 경우도 있다.

이처럼 제대로 조건을 갖추지 못한 민간 공사에 덤볐다가 비싼 교훈을 얻은 경우도 발생할 수 있기에 민간 공사의 경우 정말 신중을 기해야 한다.

지금이야 관급 공사와 자체 사업을 위주로 하기 때문에 민간 공사는 수익성 위주로 신중히 하는 편이지만, 민간 공사는 착공을 못 하는 경우도 있고, 착공을 했다 하더라도 내부 분열, 추진비 부족, 민원, 분양 저조 등으로 중단되는 경우까지를 생각하며 일을 진행해야 한다.

그래서 회사에서는 민간 공사를 수주할 때 3원칙을 지키도록 한다.

1. 공사비 단가가 괜찮아 사업성이 있을 것.
2. 공사비 수금이 최종 잔금까지 지장이 없을 것.
3. 만약 공사 중단이나 지연이 있는 경우라도 회사에서 자체 대비가 되어 있을 것.

이런 사유로 현혹되거나 사기당하지 않기 위해서 나는 기술자 직원과 자회사 대표이사인 아내를 꼭 대동하여 수주 상담을 한다. 그런 다음 각자의 입장에서 들여다보고 평가한 후에 의견을 수렴한다.

마찬가지로 조합이나 건축주를 상대로 사업설명회를 갈 때도 아내를 데리고 간다. 아내를 데려가면 주민들과 접촉할 때 분위기가 좋기도 하고, 또한 여사장이 시공을 맡아주면 꼼꼼히 시공하여 하자도 덜 날 거라 여기는 경향이 있다. 이렇게 하여 서울의 아파트 재건축 수주도 여러 건 따낸 바 있다.

다만 나는 사업설명회를 시작할 때 인사 겸 간단히 세 가지만 강조한다.

"제 이름 석 자를 지키듯이 제 회사를 28년 동안 지켜왔습니다. 제 생명처럼 책임질 테니 믿고 걱정하지 마십시오. 이제껏 IMF 외환위기 때나 금융위기 때도 직원들 급여를 하루도 늦게 지급한 적 없는 튼튼한 회사이니 걱정하지 마십시오. 필요하면 자체 빌딩들을 보러 오십시오. 이제껏 공사하면서 양심과 명예를 걸고 철근 한 가닥도 빼먹지 않고 일해왔으니 품질도 걱정하지 마십시오."

이렇듯 나는 일을 할 때 욕심내어 모두 덤벼들지 않고, 회사가 감당할 수 있는 공사와 손실 발생이 나지 않는 공사만 선별해서 진행한다.

대신 계약서에 적힌 것은 절대로 딴지를 걸지 않고 약속은 꼭 지킨다. 회사의 명예와 신뢰의 문제이고 책임의 문제이기 때문이다.

투자와 자체 사업은 위험한 황금알

자체 사업은 회사 자체의 능력에 의해 추진하는 공사이다. 그러므로 이익이나 손실도 전적으로 회사의 몫이다. 누구라도 자체 사업을 하고자 하지만 회사의 여건이 그만큼 뒷받침이 되어야 할 수 있다. 자체 사업에 대해서는 별도로 다음 편에서 이야기하고자 한다.

영업과 수주는 회사의 사활이 걸린 중요한 업무이다. 그렇기에 회사에서는 총력을 다하여 체제를 강화하고 지원을 한다. 건설회사는 수주를 잘하느냐 못하느냐에 회사의 존폐가 달려 있다. 그러므로 회사의 능력과 자산을 총동원하여 수주에 매달릴 수밖에 없다. 그래서 나는 전 직원의 수주요원화를 기치로, 매월 1회 수주전략회의를 개최하여 수주 현황 분석을 통해 문제점을 찾아내고 대책을 강구하고 있다. 수주에 총력을 기울이는 것은 아무리 강조해도 지나치지 않는다. 그러나 더욱 중요한 것은 수주 후의 약속 이행과 신뢰라는 것을 잊지 말아야 한다. 영업과 수주를 잘하려면 그만큼 경쟁력과 신뢰와 책임감이 따라야 한다는 것을 기억하자.

영업과 민간 공사의
추진 5단계

영업은 회사의 업무 중에서 가장 중요한 업무이자 모든 업무의 출발점이다. 그래서 영업은 회사의 꽃이다. 영업을 하면서 자기 회사의 제품과 우수성을 알 수 있고, 직접 고객을 접촉하기에 회사의 제품과 용역에 대한 고객들의 평가와 욕구를 알 수 있다. 또한 경쟁 회사의 정보와 향후 계획도 알 수 있으므로 전체적인 흐름과 식견도 매우 풍부해질 수 있다. 그래서 이에 관련된 개선점과 대책을 즉시 반영할 수 있으며 회사의 방향도 가늠할 수가 있다. 그러므로 영업이 회사의 꽃이라 말해도 과언이 아니다. 이런 이유로 나는 회사에서 전 직원이 영업 업무를 경험하도록 해야 한다고 생각한다. 특히 리더가 되고자 하는 사람은 필히 영업에 정통해야 한다.

그러나 우리나라 현실은 영업 업무를 기피하고 사무실 안에서 근무하는 것을 선호하는 경향이 있어 아쉽다. 발로 뛰는 영업이야말로 회사의 매출을 올리는 데 일등공신인데 말이다. 그러므로 회사에서는 영업업무에 대한 후한 성과급과 승진, 복지 등의 각종 우대책과 함께 활동에 대한 지원책을 세워서 영업의 중요성을 일깨워 줘야 한다. 영업직에서 일하는 직원들 역시 회사의 꽃이라는 긍지와 함께 자기의 성과가 회사를 살리는 길이라는 자부심를 가지고 일해야 한다.

영업하는 사람의 자세

그렇다면 어떻게 해야 영업을 잘할 수 있을까?

1. 자기 회사의 제품이나 용역에 대한 전문지식을 꿰고 있어야 한다

회사 제품에 대한 자신감으로 확신에 차 있어야지 본인마저 횡설수설하면 고객은 외면할 수밖에 없다.

2. 진심과 성의를 담아 고객을 만나고 관리해야 한다

물건만 팔고 나 몰라라 하는 태도, 제품에 대해 과장하여 표현하거나 좋은 면만을 보여주려는 태도는 좋지 않다.

3. 말만 잘하는 게 아니라 고객과 대화를 잘할 줄 알아야 한다

고객의 의견을 듣고 고객의 말에 가식 없는 호응이 필요하다.

큰 것과 작은 것을 가려서 하고 선택과 집중을 해야 한다

영업의 목적이 성과를 내기 위한 것임을 한시도 잊어서는 안 된다. 작은 성과를 보려고 많은 시간과 에너지를 쏟아서는 효과가 떨어질 수밖에 없다.

4. 한 고객이 다른 고객을 연결시켜 주는 영업을 해야 한다

많은 고객을 전부 만나려고 생각하지 말고 한번 만난 고객이 다른 고객을 소개시켜 주도록 정성을 들이는 방식으로 영업해야 한다.

민간 공사 수주를 위한 영업

그렇다면 민간 공사 수주를 위한 영업은 어떻게 할까? 건설회사 영업에 관련하여 사례를 설명하지만, 다른 업종에서도 충분히 활용할 수 있는 원리라 생각한다.

건설회사에서 매출을 만들기 위해서는 관급 공사의 낙찰을 받는 것이 가장 좋으나 앞서 설명한 것처럼 그리 쉬운 일이 아니다. 그러므로 민간 공사의 수주에 신경을 더 쓸 수밖에 없다.

민간 공사는 주로 회사와 건축주와의 관계나 관련 정보에 의해서 영업과 수주가 이루어진다. 그러나 때로는 알고 있는 시행사, 설계사무소, 지인을 통해서 공사 수주가 이루어지기도 한다.

그런데 민간 공사의 경우는 여러 가지 변수가 많기 때문에 영업을 차분하고 치밀한 방법으로 추진해야 후회 없는 수주를 할 수가 있다.

공사를 소개받을 경우 소개자가 순서에 맞게 진행하지 않고 지나치

게 열성적으로 굴 때가 있다. 현장부터 가보자고 하거나 심지어는 계약부터 하자고도 한다. 혹은 소개비를 계약 전에 일부 달라고 하거나 계약을 하자마자 소개비의 일부 혹은 전부를 달라고도 하는데 이런 경우는 주의할 필요가 있다.

건설의 경우 워낙 큰돈이 오고 가는 계약이라 공사를 소개해 준 사람에게 소개비를 주는 것이 관례다. 그러나 계약 전에 소개비를 치르는 경우는 없고, 계약 후라도 가능하면 건축주로부터 수금이 된 후에 단계별로 주는 것이 좋다. 왜냐하면 공사가 취소되거나 착공이 늦어질 수도 있기 때문이다. 드물게는 사기를 치기 위해서 접근하는 사람도 있기에 합리적인 절차와 내용으로 진행이 되어야 한다.

그렇다면 어떤 사람이 믿을 만할까?

1. 명함이나 사무실이 실체가 있는 사람

영업과 수주를 잘하려면 그만큼 경쟁력과 신뢰와 책임감이 따라야 한다. 일부 사기를 칠 가능성이 있는 사람은 거소(居所)가 불분명하거나 명함 등 신분을 감추려 한다.

2. 공사를 소개해 줄 권한이나 위치에 있는 사람

전혀 소개를 해줄 사람이 아닌 사람과의 대화는 시간만 낭비하게 될 가능성이 높다.

3. 공사 내용을 제대로 알고 있는 사람

나중에 건축주와의 면담이 상이하여 그동안의 노력이 헛수고가 되는 경우가 있으므로 공사 내용을 파악하고 있는 사람의 소개를 신뢰하는 것이 좋다.

4. 공사 계약도 하기 전에 활동비나 소개비를 요구하지 않는 사람
순서를 따르지 않고 소개비부터 받으려는 사람이 좋은 공사를 소개할 수는 없을 것이다.

5. 공사 계약이 체결된 후까지 관리를 해줄 사람
계약 과정이나 시공 과정에 건축주와 시공사 간 원만한 협의가 되도록 조정을 해주는 자세가 필요하다.

6. 과장이 심하거나 부도덕적이지 않고 깡패 조직과 연결되어 있지 않은 사람
만약 이런 사람이라면 합의된 약속을 안 지키거나 나중에 자기의 이익이 생기지 않을 경우 억지를 부릴 수도 있다.

공사가 있을 경우에는 직접 건축주의 부탁을 받아서 진행하기도 하지만, 많은 경우 여러 단계를 거쳐서 소개가 이루어지기도 한다. 그렇기 때문에 공사 소개자가 신뢰할 수 있는 사람인지 검토해 볼 필요가 있다.

민간 공사의 5단계 추진 절차와 다섯 가지 핵심가치
회사에 민간 공사의 의뢰가 들어올 경우 어떤 절차를 거쳐서 추진하는 것이 좋을까? 나는 이 5단계 추진 절차와 다섯 가지 핵심가치를 잘 검토해야 한다고 생각한다.

1단계: 공사에 관련된 모든 서류를 요구한다

서류를 일부러 주지 않으려 하거나 중요 서류를 누락할 경우 공사 상담 진행을 멈춘다. 무언가 숨기는 것이 있을 수도 있기 때문이다. 서류는 일을 진행하는 데 필수적인 것이다. 서류를 제출할 경우에 곤란한 일이 생길 수 있기 때문에 서류를 안 주려 한다.

2단계: 직접 확인 과정을 거친다

인허가나 토지 매입 과정의 기관과 관계자를 직접 만나 진위 여부와 조건부 사항을 점검한다. 미처 알지 못한 조건부 사항들이나 미확정 사항들이 있을 수 있기 때문이다. 이때 확인을 못 하게 하거나 연기하는 경우는 공사 상담을 중단한다. 또한 공사비 마련을 위해 금융기관도 필히 방문하여 확인한다.

3단계: 현장 확인과 인근 부동산중개소와 주민의 의견을 물어본다

이 단계에서 비로소 현장을 방문한다. 주위의 중개소와 주민들의 의견을 들어보면 그동안 이 공사나 현장에서 일어났던 사실 관계를 들을 수 있어 판단에 도움이 된다.

문제가 없다고 판단이 된 다음에는 계산기도 필요 없을 정도의 개략적인 계산으로 다음의 5대 핵심가치를 순서에 의해서 검토한다.

1. 수익분석: 적정수익 파악

2. 수금분석: 공사비 수금액과 시기, 잔금 수금의 시기와 확실성

3. 자금분석: 수금 후의 필요공사비, 필요공사비 조달 계획, 하도업체의 공사비 지급방법과 시기와 후불 여부와 대물 계획

4. 분양분석: 분양과 공사비 수금이 연계되어 있으면 분양성 검토

5. 시공분석: 다른 공사를 추진하고 있을 경우에는 회사 여건을 고려하여 우선순위를 검토하여 추진 여부 결정

이 5대 핵심가치를 개략적으로나마 단계별로 분석하여 그 단계에서 문제가 있으면 더 이상 진행하지 않고 멈춘다. 혹시 조건이 맞지 않을 경우는 건축주한테 수정 제의할 내용도 검토한다.

4단계: 5대 핵심가치를 정확히 산출하여 건축주와 직접 협상한다

필요 시 수정 제의까지 협상한다. 소개자의 내용과 건축주의 내용이 다른 경우가 많기 때문에 이 단계에서는 가능한 한 건축주를 빨리 만나야 불필요한 일을 피할 수 있다. 이때 소개자가 자기 몫을 과다하게 요구하거나 혹은 건축주를 못 만나게 하면서 더 큰 이익을 위해 다른 회사와 접촉을 시도하는 경우도 있기 때문에 주의한다.

5단계: 신속히 계약한다

건축주와 합의가 완료되면 계약을 빨리 한다. 필요하다면 계약을 확정하기 위해서 가계약이라도 할 필요가 있다. 괜히 시간을 끌다가는 엉뚱한 일이 생길 수 있다. 이 계약 단계에서는 먼저 공사비 수금액과 시

기, 건축주와 시공사의 의무사항 및 귀책사유와 무효사항, 계약서 특기사항 중 시공 관련 책임 한계에 대해서 특별히 유의해야 한다.

이런 영업과 단계별 추진방법은 그동안 많은 경험과 시행착오를 통해서 터득한 것이다. 민간 공사를 수주하여 아파트 재건축 공사를 할 때도, 공장, 사무실, 상가, 오피스텔, 빌라, 원룸을 지으면서 수없이 생각하고 고민한 일들이다.

단계별 검토를 하면서 그 단계에서 문제가 생기면 미련 없이 더 이상 진행하지 말고 멈추어야 한다. 그래야 불필요한 비용과 시간을 허비하지 않기 때문이다.

이렇게 영업하고 수주해야 공사 진행이 순조롭게 이루어지고 공사를 마친 다음에도 서로 웃을 수 있다. 책임과 신뢰, 약속 이행은 비즈니스에서는 선택이 아니라 필수다.

이처럼 영업과 계약을 진행할 때에는 5단계를 거쳐야만 불필요한 시간과 비용의 낭비를 줄일 수 있으며, 분쟁이나 사기도 피할 수 있다. 다섯 가지 핵심가치를 통해 정확히 계산하여 판단에 착오가 없도록 하자. 서로가 자기 몫의 약속을 지키고 마지막까지 윈윈하는 영업과 계약이 되어야 한다.

투자와 자체 사업,
신중에 신중을 더하기

한 지인이 해외 유명의류 브랜드의 한국 판매독점권을 가지고 사업을 시작했다. 브랜드의 유명세 덕에 사업이 굉장히 잘되어 다른 사람들의 부러움을 사면서 사업을 빠르게 확장시켰다. 그런데 몇 년 후에 판매독점권을 잃고서 그 많은 생산시설, 원재료와 완제품, 인력을 감당하지 못하고 부도가 났다. 독점권을 계속 가질 수 있다고 오판한 것이 문제였다.

무역회사를 운영하던 한 지인은 골프의류와 장갑을 생산하여 수출하는 사업을 했는데, 세계적인 호황을 타고 사업이 잘되었다. 욕심을 내어 국내 판매까지 사업을 확장하였으나 여러 해 잘나가던 사업을 갑작스럽게 접을 수밖에 없었다. 무리하게 사업을 확장한 탓에 자금 압박에 시달린 것이다. 무역으로 다진 사업 발판을 한순간의 욕심으로 모든 것을 잃어버렸다.

한 지인은 모 전자회사에 핸드폰 부품을 수년간 납품해 오다 근래에 주문량이 급격히 늘어나 공장 증설을 할까 고민하고 있었다. 본사 담당 직원으로부터 우수납품업체라서 앞으로도 더 많이 주문할 거라는 답변을 받았다. 그래서 무리하여 공장생산시설을 확장하였으나 회사의 대대적인 인사이동으로 담당자가 바뀌고 정책도 바뀌어 주문량이 대폭 줄어 고전을 면치 못하고 있다.

왜 실패한 사례만 이야기하냐고 할 수도 있을 것이다. 그러나 이러한 실패 사례를 통해 성급한 투자가 얼마나 위험한지를 말하고 싶다. 투자에 성공할 경우 큰 이득을 볼 수 있지만, 실패할 경우 회사가 부도를 맞게 되는 등의 큰 위험에 처한다. 그러므로 투자의 성공 사례만 보지 말고 명과 암을 고루 살피는 지혜가 있어야 한다.

투자할 때의 주의사항

투자할 때는 정말 신중을 기해서 결정해야 한다. 한순간의 판단 착오로 모든 것을 잃어버릴 수 있기 때문이다. 투자할 때의 주의사항을 열거해 보겠다.

▸ 모르는 것에 투자하지 말자. 조금 아는 것은 모르는 것이다.

▸ 현혹되어 투자하지 말자. 가짜 기회에 속지 않아야 한다.

▸ 의사 결정권자한테 직접 확인하자. 다른 사람한테 전달받거나 해석을 듣지

말자.

▶ 현재만 보지 말고 나중의 변수까지 멀리 보자.

▶ 전체를 봐야지 부분만 봐서는 안 된다.

▶ 전문가 두 명 이상에게 자문을 받고 판단하자.

▶ 좋은 경우와 나쁜 경우를 모두 생각한다. 자기 생각을 좋은 쪽으로 과장하지 말자.

▶ 자기의 힘에 부칠 정도는 하지 말자. 과욕은 금물이다.

사업은 장난이 아니며 요행을 바랄 수 없다. 연습을 할 수 없는 사업의 결과는 너무나 참혹하다. 만약 잘못된 판단으로 사업이 주저앉았을 경우 재기하는 것도 만만치 않다. 그러므로 투자는 신중하고 치밀하게 해야 한다.

내 경험을 바탕으로 투자와 자체 사업이 얼마나 신중을 기해야 하는지 한번 살펴보도록 하자.

앞서 말한 대로 관급 공사의 수주는 워낙 경쟁이 심해서 낙찰받기가 쉽지 않고, 민간 공사는 상대적으로 영업이나 수주를 하기는 쉬우나 이익이 적고 잘못하면 여러 낭패를 보기도 한다. 그러나 자체 사업은 회사가 자기 여건과 능력에 의해서 하는 사업이기에 문제가 발생할 확률은 적으나 손실이 생길 수 있어 위험이 따른다. 그래서 나는 개인의 명의로 자체 사업을 진행하면서 회사에서 시공과 시행, 관리를 하는 식으로 진행해 왔다.

2000년부터 서울의 강남과 서초에서 자체 사업을 시작했는데 처음엔 자체 브랜드로 했다. 강남의 역삼동과 대치동에 있는 2층 단독주택이나 저층 상가를 구입하여 부수고 상가나 임대용 원룸 건물을 지어 통째로

팔기도 하고, 빌라를 지어 분양하면서 자체 사업을 하나씩 시작했다.

노후대책으로 원룸 임대업 붐이 일기 시작할 무렵이었다. 그러다 보니 착공하여 기초 터파기를 시작하고 있으면 인근 부동산에서 건물을 통째로 중개하기 위해서 찾아오곤 했다.

"회장님, 이 건물 매매를 우리 부동산에 맡겨주세요. 준공하면 책임지고 한 달 안에 팔아줄게요" 하는 식이었다. 이 부동산 저 부동산에서 자기한테 분양이나 매매권을 달라고 사정하면 나는, "인근에 좋은 땅을 먼저 소개시켜 주면 그렇게 할게요"라고 하면서 다음에 지을 땅을 확보하곤 했다. 이런 식으로 연속해서 강남구와 서초구에만 집중하여 대치동, 역삼동, 논현동, 방배동에 원룸, 상가, 사무실, 빌라, 오피스텔 등의 건물들을 지어 30여 차례 자체 사업을 했다.

지금은 지역을 확대하여 사업성이 좋다면 어느 지역이든 상관없이 사업을 추진하고 있는데, 근래에는 작은 아파트나 주상복합건물까지 자체 브랜드의 이름을 붙여 사업을 하고 있다. 다행히 매사 신중하게 사업을 진행한 덕인지 지금까지 한 번도 자금이 묶이거나 손해를 보지 않았다. 감당하지 못할 정도로 무리하게 진행하지 않았기 때문에 어려움이 없었던 것인지도 모른다.

사업을 확장하는 원리는 수돗물에 물통을 채우는 것과 같다. 수돗물이 잘 나오면 물통을 금방 채울 수 있고 또 다른 물통도 채울 수 있지만, 수돗물의 수압이 시원치 않을 경우에는 한 통도 채우기가 어려운 법이다. 하물며 두 통의 물통에다 한꺼번에 물을 채우려는 욕심을 부린다고 해서 물이 채워질 리 없다.

자체 사업은 통상적으로 투자비가 많이 들지만 수익률이 민간 공사보다 훨씬 좋다. 그리고 공사감독을 자체적으로 하기 때문에 쓸데없는 간섭이나 제재가 없어 스트레스를 받지 않아서 좋다. 그러나 자체 사업 이란 게 자칫 잘못 판단하는 경우에는 엄청난 손해가 발생할 수 있으므로 신중에 신중을 기해야 한다.

돌다리를 두들기는 치밀함과 신중함으로 하자

이처럼 30여 차례 자체 사업을 하면서도 한 번도 실패하지 않고 성공 시킨 이유가 무엇이었을까? 단지 운이 좋아서였을까? 한두 번도 아니 고 매번 좋은 결과를 얻기 위해서는 운이 아니라 그럴 만한 치밀한 계 산과 노력이 있어야 한다고 본다. 다음은 내가 사업을 진행할 때 삼는 일곱 가지 원칙인데, 분야는 다를지라도 참고하여 본인의 분야에 적용 하기 바란다.

1. 경기흐름에 잘 맞춘다

주택경기가 좋을 때는 무리하다 싶을 정도로 추진하지만 경기가 위 축되면 2~3년이라도 멈추면서 관망한다. 작은 회사가 사업을 연속해 서 진행하기에는 위험이 따른다. 경기가 안 좋아 땅 가격이 쌀 때에 부 지를 마련해 둔다.

2. 분양이나 임대가 잘되는 지역에 집중한다

사전에 사업성을 분석하여 이익을 낼 수 있고 분양성이 좋은 땅만을 고집한다. 강남의 주택 바람을 타고 강남구와 서초구에만 집중하여 힘을 분산시키지 않았듯이 한정된 자원으로 정보와 거래처를 효율적으로 활용해야 한다.

3. 사업성 좋은 땅을 구하기 위해서는 발 빠른 행보가 필요하다

부동산중개업소와 유대를 확실히 구축하고, 협력이 되는 설계사무소 한테서 약식도면을 발 빠르게 확보하여 남보다 빨리 검토를 마친 후 즉시 땅을 구입한다.

몇 년 전에 8차선 대로변 상업지역에 3층짜리 상가 건물이 시세보다 약간 저렴하게 나왔다. 건물을 헐고 주상복합건물을 지으면 좋겠다 생각한 뒤, 사업계획을 검토하던 중 그 사이에 팔려버려 아까운 부지를 놓친 경험이 있다. 빠르게 움직이지 못해 다른 사람한테 빼앗긴 것이다. 빠른 결정과 발 빠른 행보가 무엇보다 중요할 때가 있다.

4. 현장 확인을 철저히 해야 한다

부지를 소문을 듣고 사거나 직원에게 맡기지 않고 최종 점검은 직접 한다. 현장 인근의 주민이나 부동산중개업소를 다니다 보면 이 땅에 얽힌 개발 관련 이야기, 민원 여부, 분양과 임대에 관한 여러 이야기를 들을 수 있다.

한번은 부동산에서 부리나케 전화가 왔다.

"회장님, 땅 좋은 것이 나왔어요. 어떤 사람이 곧 계약할 것 같아요."

연락을 받고 점심도 거른 채 현장에 달려갔다. 부동산중개업소 말대로 오피스텔을 신축하기에 그럴듯했다. 그런데 확인해 보니 옆 건물이 병원인 데다 영안실이 뒤쪽에 있지 않은가? 무턱대고 계약을 했다가 큰일 날 뻔했던 경험이었다.

5. 자금 관리와 자금 조성에 허점이 없어야 한다

부지 매입비와 공사비를 일정분 확보해 두고 부족분에 대한 조달 계획이 언제라도 가능하도록 확실히 마련해 둔다.

6. 최악의 경우에도 감당할 수 있을 정도로만 추진한다

힘에 부치는 과잉투자나 자금 차용은 조심해야 한다. 과잉투자를 하는 이유는 과욕을 부리거나, 다른 사람의 헛된 정보에 속거나, 뒷감당을 못 할 정도로 무모하거나, 객관성이 없이 잘되는 쪽으로만 낙관적으로 계산을 하기 때문이다.

사업을 추진할 때는 냉정하게 멀리서 보고 믿을 만한 사람한테 자문을 받아야 한다. 자문을 받을 때는 모르는 사람 100명한테 묻는 게 아닌, 제대로 아는 사람 1명에게 답을 얻는 게 정답임을 명심해야 한다. 몇 명한테 자문을 받느냐가 중요한 것이 아니다.

7. 확신이 있을 때는 기다림도 미학이다

관악구 근방에 좋은 부지를 구입했다. 그런데 구입 후 알고 보니 구청과 서울시청 간에 지구단위 확정에 대한 협의가 진행 중이었다. 지구단위로 확정되면 용적률을 더 올려줄 것이므로 주상복합건물을 지어야겠다는 계획을 세우고서 2년을 기다린 후 공사를 시작했다. 끈질기게 기다린 보람이 있었는지 평당 가격이 두 배로 뛰었다. 확신이 있을 때는 기다리는 것이 더 큰 이익으로 돌아오기도 한다.

이처럼 자체 사업을 할 때는 위의 일곱 가지 원칙을 지켜 진행한다. 사업은 늘 높은 위험성을 안고 있지만, 잘될 경우 그만한 보상이 되어 돌아오기도 한다. 다만 신중하지 못한 사업은 늘 위험이 도사리고 있으므로 주의해야 한다.

꽤 오랫동안 가깝게 지내온 친구가 있다. 그 친구는 선친이 운영하던 건축 회사를 이어받아 키우고 있었다. 관급 공사와 민간 공사만을 진행하였으나 워낙 기반이 탄탄하여 어느덧 중견기업으로 성장해 있었다.

어느 날 지인이 힘없는 목소리로 한잔하자고 전화를 걸어왔다. 만나서 이야기를 들어보니, 회사가 넘어가게 되어 정리하고 있다는 날벼락 같은 소식이었다. 당혹스러운 마음을 숨기고 무슨 일인지 물었다.

"너도 알다시피, 돌아가신 아버지와 함께 일하셨던 중역분들이 내가 회사를 맡은 후에 대부분 나가셨거든. 그런데 한 분이 회사 명의로 자기 사업을 크게 벌였는데, 분양도 안 되고 문제가 터지자 숨어버린 거야. 그러니 그분의 모든 채무가 회사로 넘어왔어. 더 이상 버틸 수 없어서 부도처리를 할 수밖에 없네."

2대째 건실하게 운영하던 회사가 단 한 번의 실수로 날아가게 된 슬픈 사연이었다.

이처럼 투자와 자체 사업은 양날의 검이다. 장점과 단점이 극단적이어서 충분한 식견과 사전 준비가 필수다. 큰 이익을 얻을 수 있지만 자칫 한 번의 실수로 회사가 휘청거릴 수 있는 게 투자이자 자체 사업이다.

그러니 투자를 하거나 자체 사업을 진행할 때는 명심해야 할 사항을 반드시 숙지하고 신중하게 진행해야 한다.

민원의 합당한 경계선은
어디일까?

사업을 하다 보면 고객과 불협화음이 생기거나 민원이 발생할 수밖에 없다.

회사의 실수나 잘못으로 고객에게 손해나 불편을 끼쳤을 때는 당연히 그에 따른 책임을 지고 응당한 보상을 해주어야 한다. 비즈니스에서 고객은 왕이다. 그래서인지 회사들마다 고객의 불만이나 불편 사항에 대해서는 귀 기울여 듣고 그에 대한 대책을 마련하는 등 고객의 불만을 잠재우기 위해 특별한 노력을 기울이고 있다.

모 회사에서 출시한 핸드폰을 수리하러 간 적이 있다. 물건 수리를 잘해줬을 뿐만 아니라 사후에도 불편한 점이 없었는지를 확인해 주는 배려가 고객을 왕처럼 대해주는 것 같아서 기분이 좋았다.

얼마 전에 방문한 식당 벽에는 '손님이 반찬을 달라고 할 때 갖다 주면 친절이 아니다. 갖다 달라고 하기 전에 미리 챙겨주어야 친절이다'라는 문구가 붙어 있었다. 이 식당이 손님이 많은 이유를 알 수 있었다.

미국의 어느 항공회사는 최일선에서 고객과 접촉하는 직원들에게 '고객의 만족을 위해서는 비용을 불문하고 최고의 서비스를 제공하라'는 전권을 주었다. 이에 따라 한 발권 직원은 몸이 불편한 고객의 탑승 시간을 맞춰주기 위해 비행기 이륙 시간을 늦추었다. 이륙 시간이 늦어짐에 따라 발생하는 피해도 적지 않기에 그 직원에게 불이익이 갈 것이라 예상했지만, 오히려 CEO로부터 칭찬을 받았다고 한다.

그러나 고객의 민원이 늘 개선을 위한 목적에 있지 않은 경우도 있다. 의도가 불순하거나 고의적이고 불법적인 '골탕 먹이기'로 민원을 하는 경우에는 어떻게 대응해야 할까?

소위 블랙컨슈머라 불리는 사람들의 억지 행태는 방송에서 여러 차례 다룬 적이 있을 정도로 악질적이다. 식품에 이물질을 넣어 환불을 받거나 이미 사용한 제품에 문제가 있다고 반품을 하고, 지속적으로 업무 담당 직원을 괴롭히는 사례도 심심치 않다. 대기업은 이미지 관리 차원에서 쉬쉬하면서 넘어가기도 하지만, 중소기업 입장에서는 이런 고객을 만나면 난감하기 그지없다.

민원공화국의 불명예

건설현장에서도 다량의 민원이 발생한다. 도로 개설이나 하천, 고량, 경지정리 같은 토목공사에 대해서는 주민들의 민원이 별로 발생하지 않으나, 도회지에서 건축공사를 하면 소음, 분진, 조망권, 일조권 등 여러 사유로 주민들의 민원이 심하다. 이때 어디까지를 합당한 민원으로 보고, 어떤 것을 무리한 민원으로 처리할지 늘 고민된다.

도회지 공사의 경우 인허가권자인 지방자치단체로부터 건축법이나 조례, 규칙에 의거해서 건축허가를 받는다. 그러나 공사 진행 중 주민들과 마찰이 생길 경우, 인허가 자체에 대한 민원을 제기하거나 법에 저촉되지 않는 것까지 민원을 제기하여 공사를 방해한다. 심지어는 민원을 위한 민원을 만드는 경우도 있어 공사를 하는 시공사 입장에서 난감할 때가 있다.

물론 시공을 하는 중에 주민생활에 불편을 주거나 건물에 피해를 주어서는 안 된다. 그런데 허용된 법의 테두리에서 주의를 기울이면서 하는데도 불구하고 법의 잣대가 아닌 다수의 힘으로 공사 진행을 막으려하여 골치가 아픈 적이 한두 번이 아니다.

서울 모처에 5층짜리 빌라 공사를 막 시작할 때쯤 옆 건물 주인이 민원을 냈다. 이제껏 옆 건물이 단독주택이어서 시야가 터져 있어 좋았는데, 새로 신축하는 건물이 자신의 건물 높이와 같아지면 자기 건물이 가려질 수 있다면서 한 개 층의 높이를 줄이라고 민원을 제기한 것이다. 참으로 황당한 논리였다. 결국 자기 집 수리를 좀 해달라는 것으로 협의를 보았다. 민원의 목적이 뻔하지 않은가.

지방의 관공서 건물을 지을 때는 공사 때문에 건물에 금이 갔다고 우기면서 민원을 제기해 소송까지 간 적도 있고, 한 아파트 재건축 공사를 진행할 때는 일조권이 침해당했다며 소송을 당하기도 했다. 물론 법이 허용하는 정도였기에 아무 일 없이 해결되었지만 말이다.

이런 경우를 자주 겪자, '차라리 달나라에 가서 공사를 해야겠다'고 푸념을 하곤 했다. 이러한 민원이 반복될 때마다 마음이 편치 않다.

'떼법'은 거절하되 현명한 대응은 필수!

물론 시공사의 잘못으로 피해를 입어서 민원을 제기하는 경우도 있다. 이런 일이 생기지 않도록 세심하게 주의를 기울이지만, 그럼에도 주민들에게 피해를 주는 경우도 있다. 그럴 경우는 충분한 보상이나 수리 등을 해주어야 마땅하다.

그러나 어떨 때는 금품이나 다른 보상을 얻기 위하여 일부러 트집을 잡는 경우가 있다. 금전이나 다른 보상이 충족되면 아무 일 없던 것처럼 조용해지는 데 반하여 원하는 만큼 충족이 되지 않을 경우 다른 트집까지 연이어 제기하기도 한다. 일종의 '떼법 민원'의 방식이다.

이런 민원이 반복되면 인허권자인 지방자치단체에서 시시비비를 가려주어야 할 테지만, 문제가 생길 경우 무조건 쌍방 합의를 종용할 뿐 조정 역할을 하지 않는다. 주민들을 지나치게 의식하기 때문이다. 이런 형편이다 보니 주민들의 떼법은 더욱 심해지고 있다.

우리 회사는 법을 최대한 지키려 노력하고, 법의 테두리를 떠나 주민의 불편이 없도록 최선의 노력을 한다. 시공으로 인한 주민들의 불편이 있을 경우는 주민들의 건물을 수리해 주기도 하고, 피해에 의한 법적 책임이 있을 때는 그에 따른 보상도 해준다. 공사 시작 전에 충분한 양해와 이해를 구하는 것은 필수다. 아무리 법이 허용해 주었다 하더라고 공사 자체가 주민들의 일상생활에 불편을 줄 수밖에 없기 때문이다. 갈

등이 생기기 전에 협의와 협조를 하는 것이다. 그러나 지나친 억지와 요구에 대해서는 공사 중단에 따른 손해가 발생하더라도 단호한 입장으로 대처하고 법의 심판을 받는 것이 낫다.

민원이나 컴플레인은 개인이나 소비자의 권리를 보호하기 위한 장치다. 그러나 일부 질이 나쁜 사람들은 개인의 이익을 얻기 위하여 제도를 악용하기도 한다. 이럴 경우에는 쉬쉬하며 넘어가기보다는 강경하게 대처하고, 사태가 심각할 경우에는 법의 힘을 빌리는 수밖에 없다. 그래서 부당한 '떼법도 법이다'라는 비양심적인 악습을 고쳐야 한다. 그러나 가장 좋은 것은 대화로 원만하게 풀어나가는 것이다. 서로의 입장을 귀 기울여 듣고, 원하는 바를 조율하여 조정하는 것, 현명하게 사태를 풀어가는 것이 가장 중요하다. 매 사태를 싸움으로 끝맺기보다는 조화롭게 대처하는 것 역시 필요한 자세다.

기업은 애국이다

지금의 대한민국은 과거의 나라 잃은 민족, 헐벗고 굶주린 나라가 아니다.

대한민국은 민주화를 이루었고, 한강의 기적으로 산업화를 이룬 나라이자, 정보화와 4차 산업의 시대를 이끌어가고 있다. 자랑스러운 세계 10위권의 경제대국이 된 것이다. 30-50국가(1인당 국민소득 3만 불, 인구 5,000만 명)의 7번째 강하고 잘사는 나라가 대한민국이다.

봉제공장의 먼지 속에서, 독일에 파견 간 광부와 간호사의 눈물 속에서, 중동의 건설횃불 속에서 우리 존경스러운 선배들의 피와 땀과 눈물로 일어서 당당한 선진국이 되었다. 과거 침략만 당한 백의민족이 아니라 '대한민국'과 '코리아'를 외치며 세계로 뻗어가는 신흥강국이 된 것이다. 우리는 단군 이래 가장 융성한 시기에 축배를 들고 있다. 우리 국민 모두가 삼천리강산에 이제껏 누려보지 못한 풍요로운 삶을 살고 있는 것이다.

그러나 나는 아직은 더 나아가야 할 때이고, 여기서 멈춰서는 결코 안 되며, 샴페인은 터트렸을망정 아직은 허리띠마저 풀어서는 안 된다고 외치고 싶다. 그 이유는, 우리는 지정학으로 세계 2, 3위의 경제대국인 중국, 일본과 군사강국 러시아에 둘러싸여 있기 때문이다. 이런 고약한 지정학적 위치로 인하여 과거와 같은 참담한 아픔을 또다시 겪어서는 절대로 안 된다. 우리들의 안이함과 경솔함 그리고 자만과 내부분열로 인해 옛날의 쓰라린 핍박을 두 번 다시 당해서는 결코 안 될 것이다.

가자! 세계 5위의 경제대국으로!

우리는 그들과 힘을 겨룰 정도가 되는, 세계 5위의 나라가 되어야 한다.

그때까지는 우리는 결코 허리띠를 풀어서는 안 된다. 그들이 방심하고 있을 때 우리는 더욱 허리띠를 바짝 동여매고 앞으로 나아가야만 세계 5강의 나라가 될 수 있다. 아직까지 한 번도 가보지 않은 그곳으로 가야 한다. 그래야만 100여 년 전의 비극을 다시는 겪지 않을 것이다.

근래에도 우리는 약소국으로의 수모를 무수히 당하고 있지 않는가?

중국한테는 희토류와 마늘의 금수조치로 반도체 산업과 농민이 피해를 겪었고, 사드의 배치 문제로 관광과 공연문화산업에 막대한 피해를 입으면서도 큰소리를 내지 못했다.

일본한테는 소재 부품 장비산업의 금수조치에 제대로 힘을 쓰지 못하고, 또한 역사왜곡과 독도의 영유권 분쟁에 대해서도 당하고만 있지 않은가?

러시아한테는 동해안 영공마저 지켜내지 못하고 쩔쩔매고 있고, 미국한테는 큰 소리 한 번 내지 못하고 좋든 싫든 따라갈 수밖에 없는 형편이다.

만약 우리나라가 당한 사례들을 미국, 중국, 일본, 러시아가 당했다면 그들도 우리처럼 미약하게 대처했을까? 그러므로 세계 5위의 경제대국으로 성장해야만 한다.

우리도 그들이 부당한 강요를 하면 똑같은 강요를 할 수 있는 배짱이나 힘이 있어야 한다. 우리도 견디기 힘든 어떠한 경제보복이나 침탈에도 끄떡없이 맞설 수단을 가지고 있어야 한다. 우리는 더 이상 100여 년 전 세계열강에 무릎 꿇던 나약한 선조들처럼 당하기만 하여서는 절대로 안 된다. 냉혹한 국제현실에서는 당해본 다음에야 안다면 그건 슬픈 일이다.

그러므로 당하기 전에 가야 한다. "세계 5위의 경제대국으로!"

나라가 커지려면 부국강병의 길로 가야 한다. 국민들의 삶이 좋아지고, 경제 규모가 강대국만큼 커져야 한다. 그러기 위해서는 우리나라의 기업이 세계 기업과 어깨를 나란히 견줄 만큼 성장해야 한다.

2020년 《포춘》지가 발표한 매출액 기준 세계 500대 기업은 중화권이 133개(대만 5개 포함), 미국 121개, 일본 53개인 반면 한국은 겨우 14개밖에 안 된다. 한국의 명성에 비해서는 지극히 적은 수다.

그러므로 우리나라 기업이 세계적인 기업으로 성장할 수 있도록 국가에 공헌하는 큰 역할을 기대하며 전폭적인 지원과 응원을 아끼지 말아야 한다.

기업은 일자리를 만들고 세금을 내고

국민들은 세계 속에서 국격을 높이는 기업을 나쁜 시각으로 보기보다는 새로운 관점에서 바라보고 대접해 주어야 하고, 기업인은 국민들로부터 사랑과 존경을 받도록 처신해야 한다.

국민이 기업을 다른 시각으로 보아야 한다고 말하는 이유는, 기업이 없으면 나라의 기반 역시 흔들리기 때문이다. 기업은 일자리를 만들어 내는 것은 물론, 기업에서 내는 세금은 나라의 살림뿐만 아니라 각종 복지의 밑천이 된다.

미국의 어느 대통령은 청중들에게 연설하면서 "세금을 내준 사람들의 돈으로 여러분이 복지혜택을 받는 것이다. 우리는 세금을 내준 그런 사람들에게 고마움을 느껴야 한다"고 자기가 아니라 세금 내는 그들에게 공을 돌렸다.

일전에 어느 방송국의 인간극장 미니시리즈와 세계여행 프로그램을 보니 마지막에 "이 프로그램은 시청자의 시청료로 제작되었습니다"라고 자막이 뜨는 것을 보고 '이제 조금씩 변해가나 보다'라고 생각했다.

우리나라는 지정학적으로 강대국 사이에 끼어 있다. 그들과 힘을 겨루기 위해서는 국민의 자긍심도 높아져야 하지만, 국내의 많은 기업들이 해외에 진출하여 안팎으로 강해져야 한다. 그러려면 재계가 정신을 똑바로 차려야 한다. 국민들로부터 존경받고 사랑받는 기업인이 되기 위해서는 정도경영을 해야 한다. 그리고 이웃과 사회에 더 많은 따뜻한 손길을 내밀고 세계 속의 강한 기업이 되어 '코리아'의 위상을 드높이는 데 기여해야 한다.

국민들 역시 과거와는 다른 시각으로 기업인을 바라보며 세계로 발돋움하는 우리 기업을 사랑으로 아껴주도록 하자.

그것이 세계 5위의 경제대국이 되기 위한 지름길이다.

2019년 12월 말 중국 우한에서 발생한 코로나19가 세계적으로 대유행하고 있다. 이 추세라면 2021년 3월경에는 전 세계의 감염 확인자 수가 12,000만 명, 사망자가 200만 명이 될 거라고 한다. 코로나19가 사람들의 일상생활과 기업 활동 및 국가경제에 큰 타격을 주고 있는 지금, 하루빨리 코로나의 고통에서 벗어났으면 한다.

나 역시 코로나 때문에 외출이 불가하니 사람들과의 만남에 제약이 생겨 집이나 사무실에 머무르는 시간이 저절로 많아졌다. 그러다 보니 이 기회에 그동안의 생각과 고민을 책으로 내볼까 하는 마음을 가질 수 있었고, 이에 따라 많은 시간을 글쓰기에 집중할 수 있었다.

아마도 조선중기 시조시인인 고산 윤선도가 생애의 대부분을 벽지의 유배지에서 보내며 〈어부사시가〉, 〈오우가〉 등의 훌륭한 시조를 쓸 수 있었던 것도, 조선후기 조선 실학을 집대성하며 개혁과 개방으로 부국강병을 주장한 다산 정약용이 18년간 강진에서 유배생활을 하며 『경세유표』, 『목민심서』, 『흠흠심서』 등 수많은 저서를 집필할 수 있었던 것도 부자유스러운 환경 때문이 아니었을까 생각해 본다.

2020년 4월 초에 21대 국회의원 공천을 놓치고 실의에 빠져 두문불출하고 집과 사무실에 칩거하고 있을 때 한 지인이 다양한 경험을 책으로 내보라고 권유를 했다. 어수선한 마음에 그럴 상황이 아니었지만 한

편으로 지나온 삶을 성찰해 보니 '그래도 밝은 곳을 향해 용기 있게 살아온 발자취가 조금이라도 사회에 보탬이 된다면 나의 고민과 경험을 많은 사람과 나누는 것도 좋겠다'는 생각이 들어 흐트러진 마음을 추스르고 글을 쓰기 시작했다.

그래서 독자들에게 알려주고 싶은 의미 있는 80개의 주제를 축약하여 50개로 만들어 글을 쓰기 시작했다.

이 글은 나의 부족한 단견일 수도 있다. 나의 입장과 상황에서의 판단일 수도 있다.

그러나 50개의 주제는 직장인이건 경영자이건 혹은 소상공인·자영업자나 조직을 이끌어가는 누구이건 조직과 생활 속에서 마주할 수 있는 이야기들일 것이다.

생각이나 상황이 다소 다를지라도 내용 속에 젖어 있는 가치나 지혜는 크게 보면 같을 것이다. 생각이 다르더라도 아량으로 헤아려 주길 바란다.

행여 내 글 속에 인용된 사례나 내용으로 인하여 불편이 생기는 경우가 없기를 바란다. 의도하지 않는 일반적인 언급임을 이해해 주기 바란다.

이 책을 쓰면서 많은 조사를 해준 큰아들 승배와 타이핑과 탈고·정리까지 해준 둘째아들 종배의 도움과 노고에 많은 고마움을 느낀다.

귀중한 조언을 해준 ㈜엔터스코리아의 양원곤 대표와 박보영 작가, 김효선 과장에게도 감사의 마음을 전한다.

이 책이 세상에 나오도록 애써준 레몬북스의 김의수 대표와 아름답고 꼼꼼하게 다듬어준 레몬북스 관계자분들의 많은 수고에 감사의 마음을 전한다.